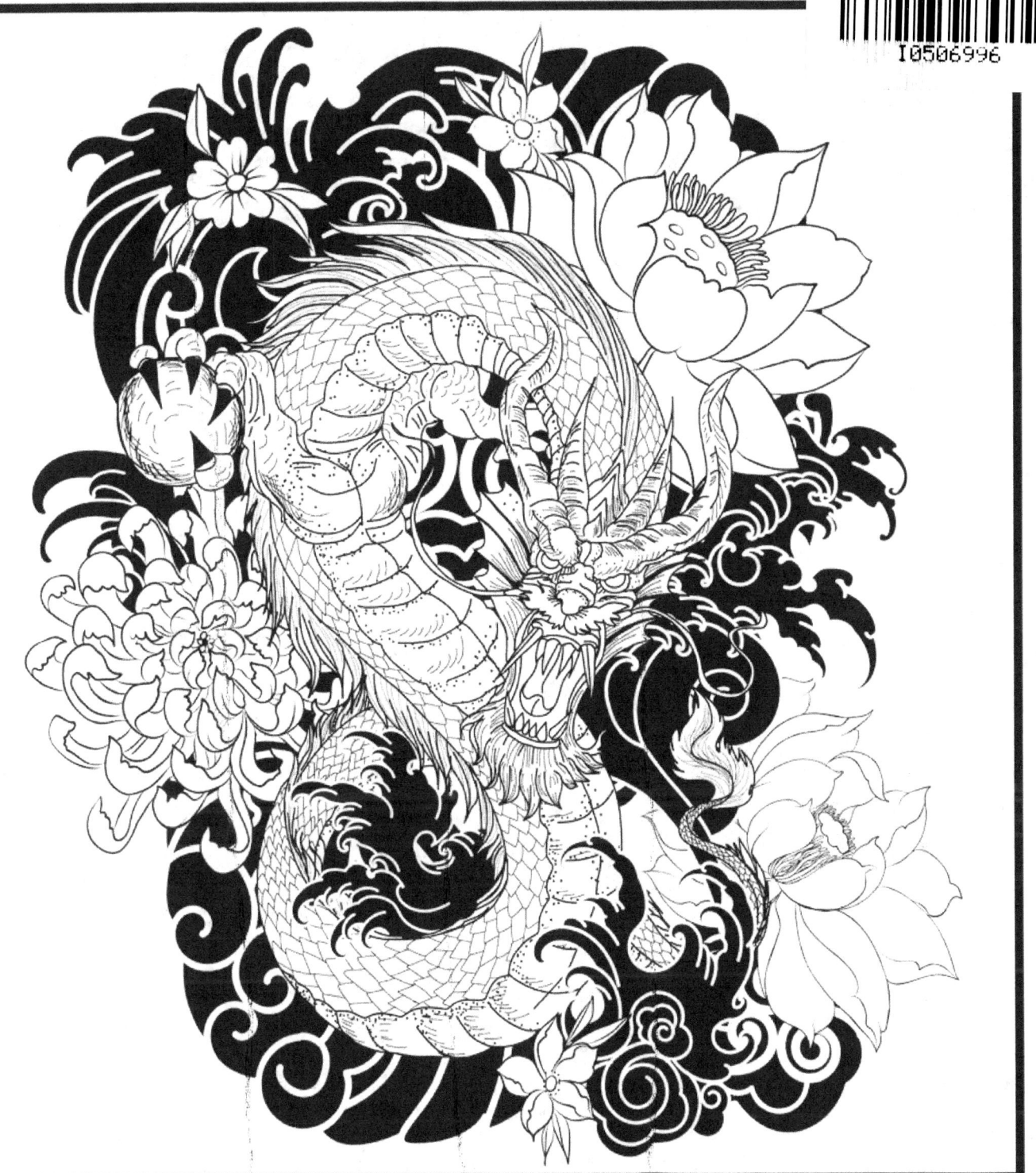

JAPANISCHES MALBUCH FÜR ERWACHSENE

Copyright © 2021 Art of Japan

ALLE RECHTE VORBEHALTEN

Dieses Buch gehört:

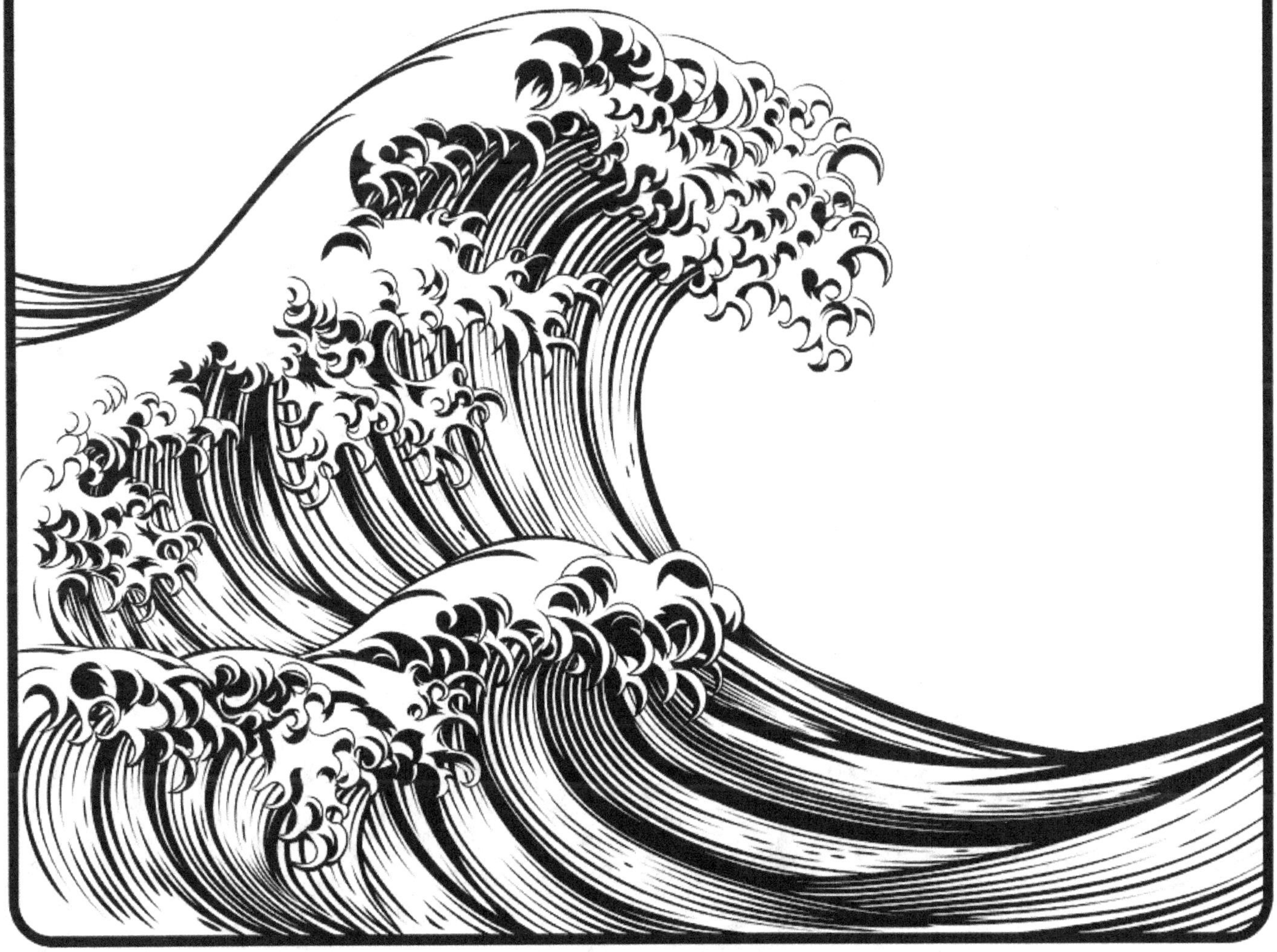

_____

_____

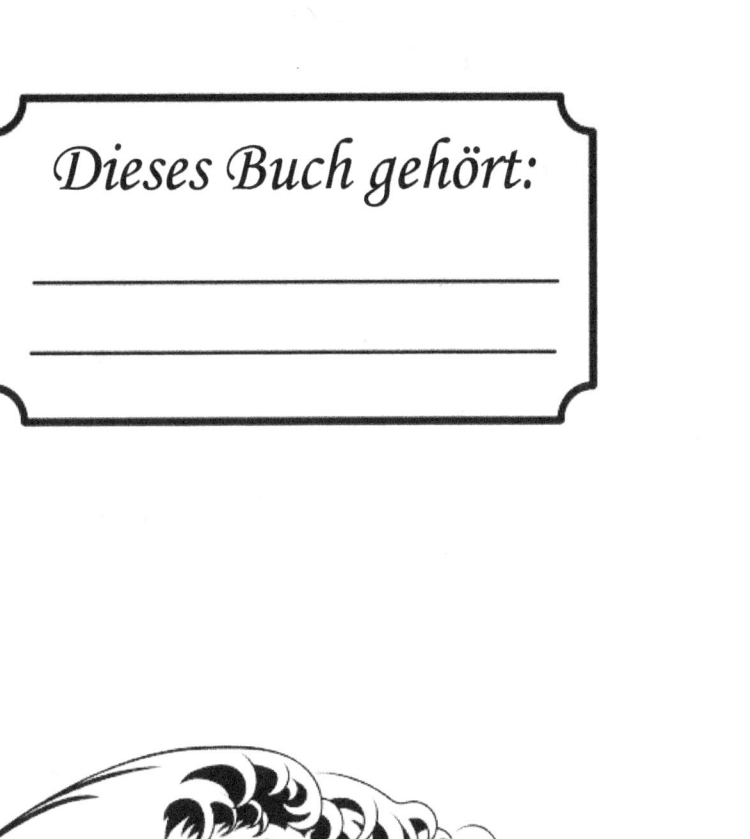

FARBTESTSEITE

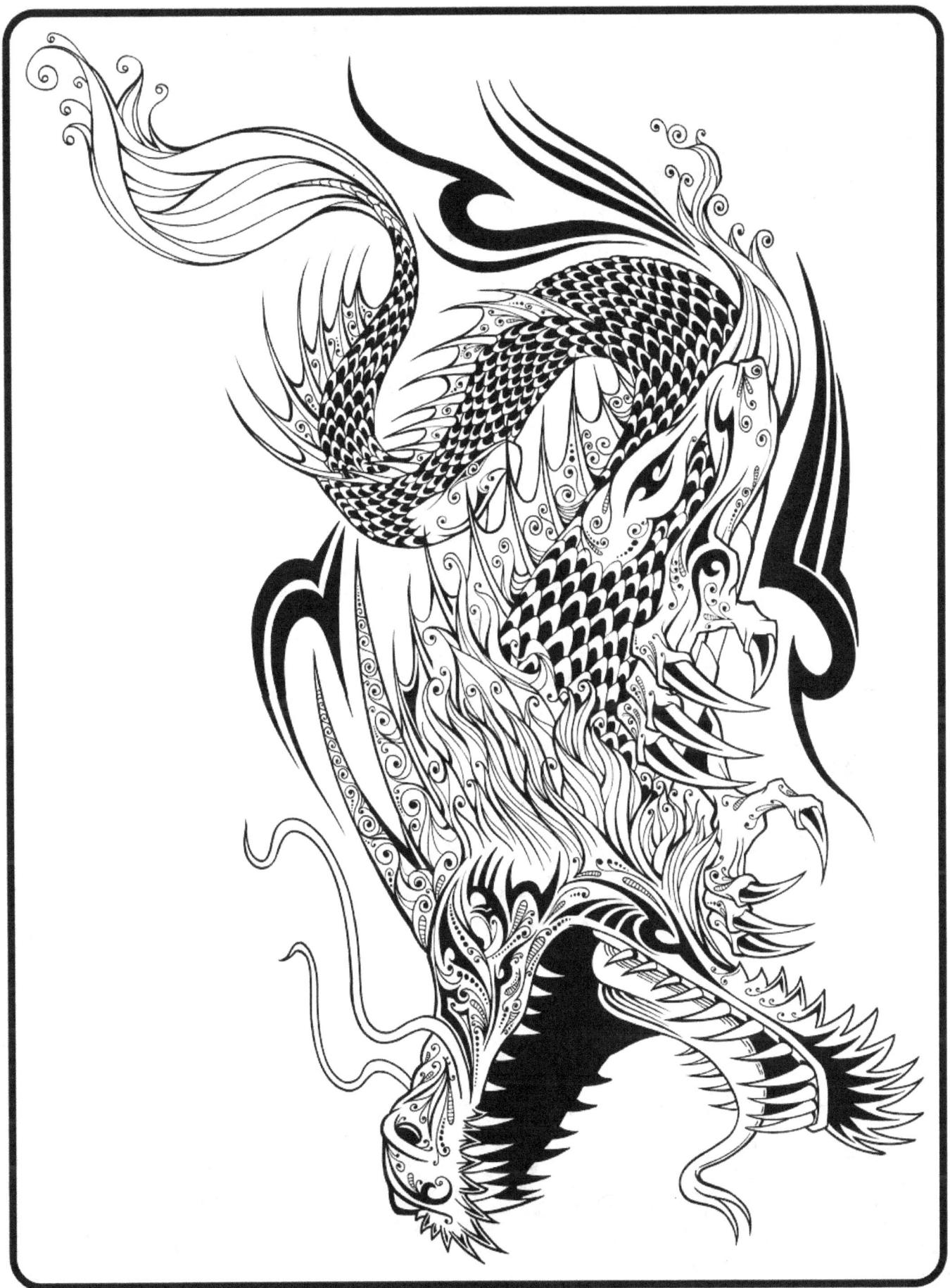

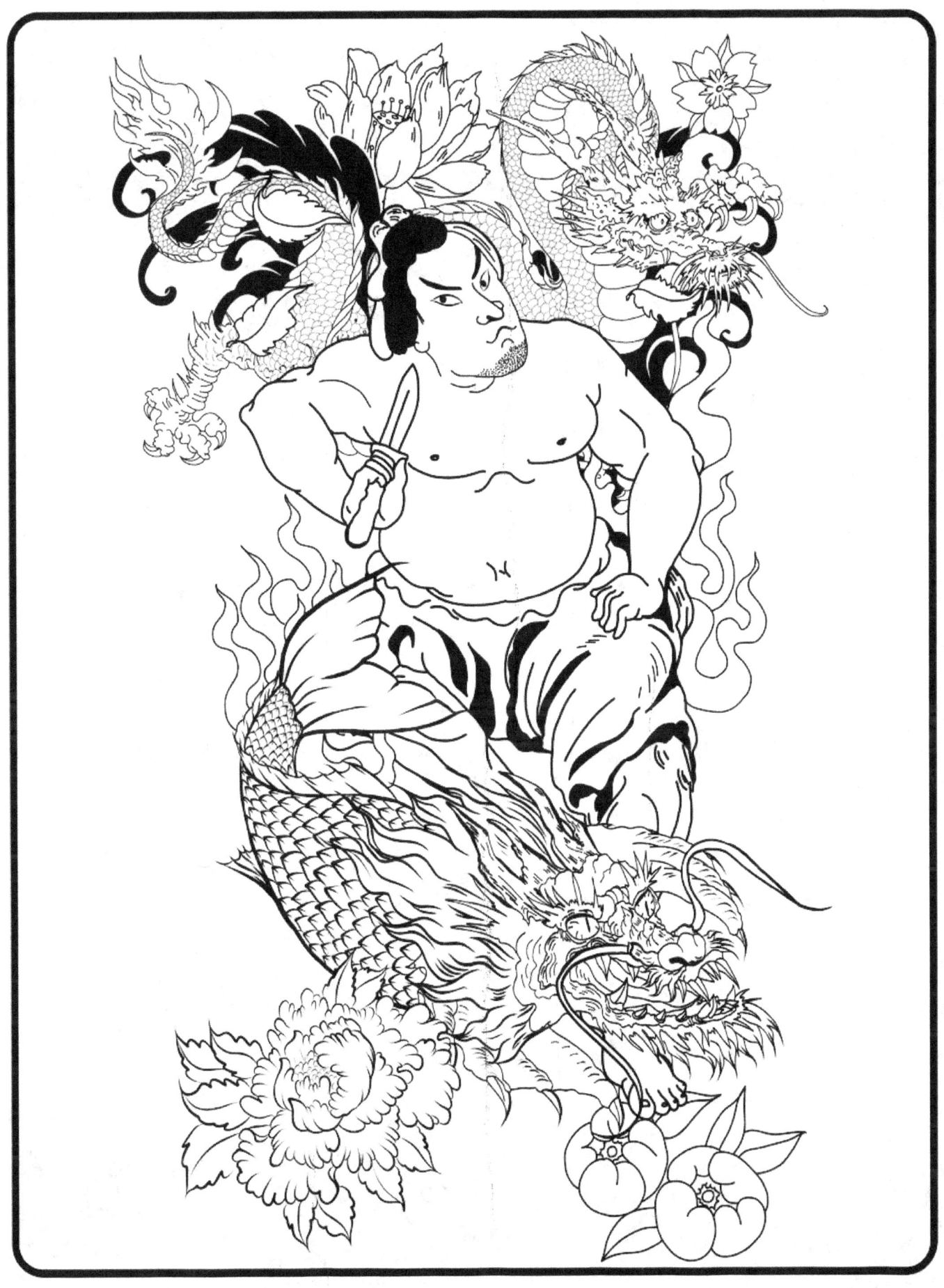

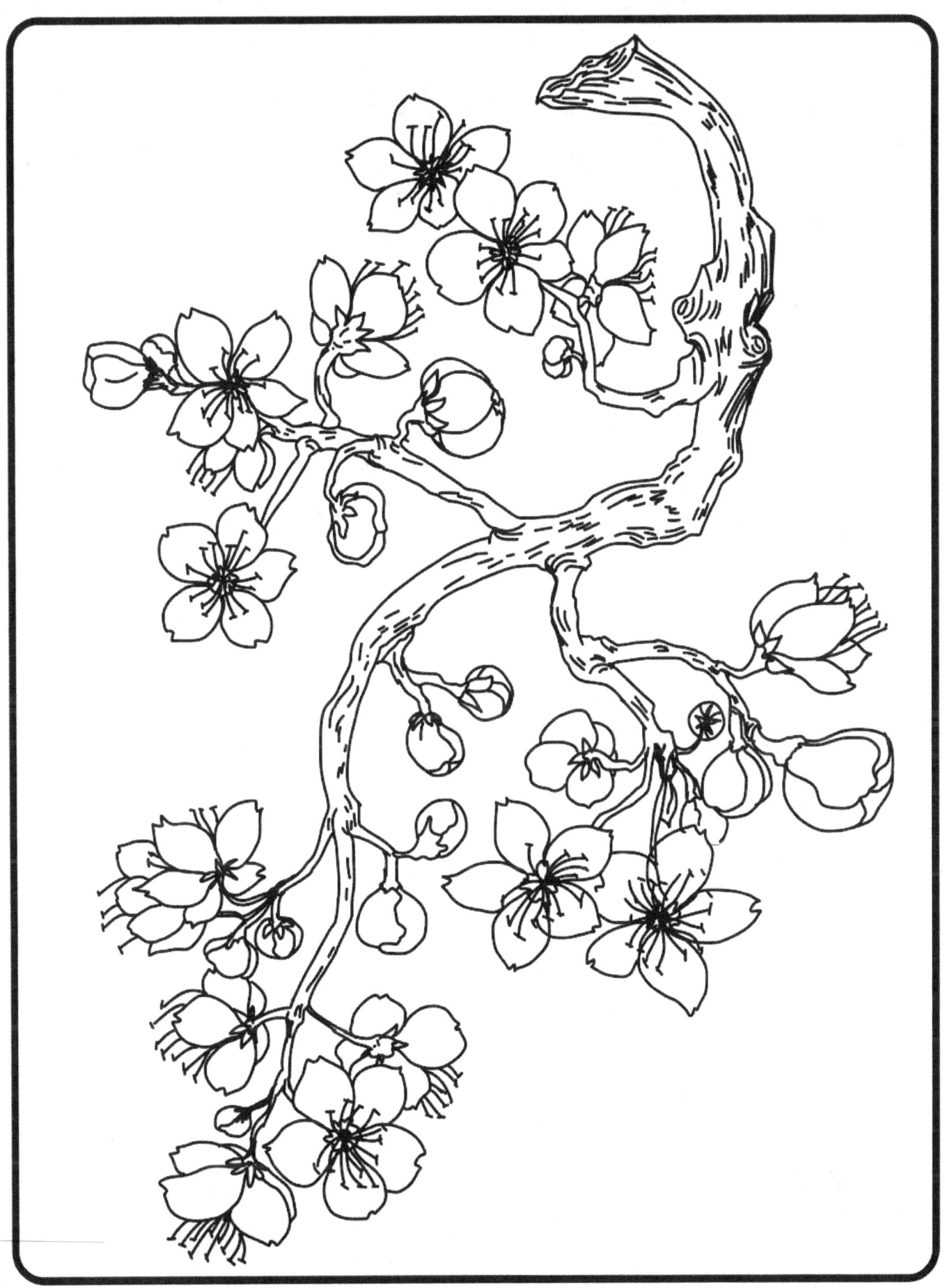

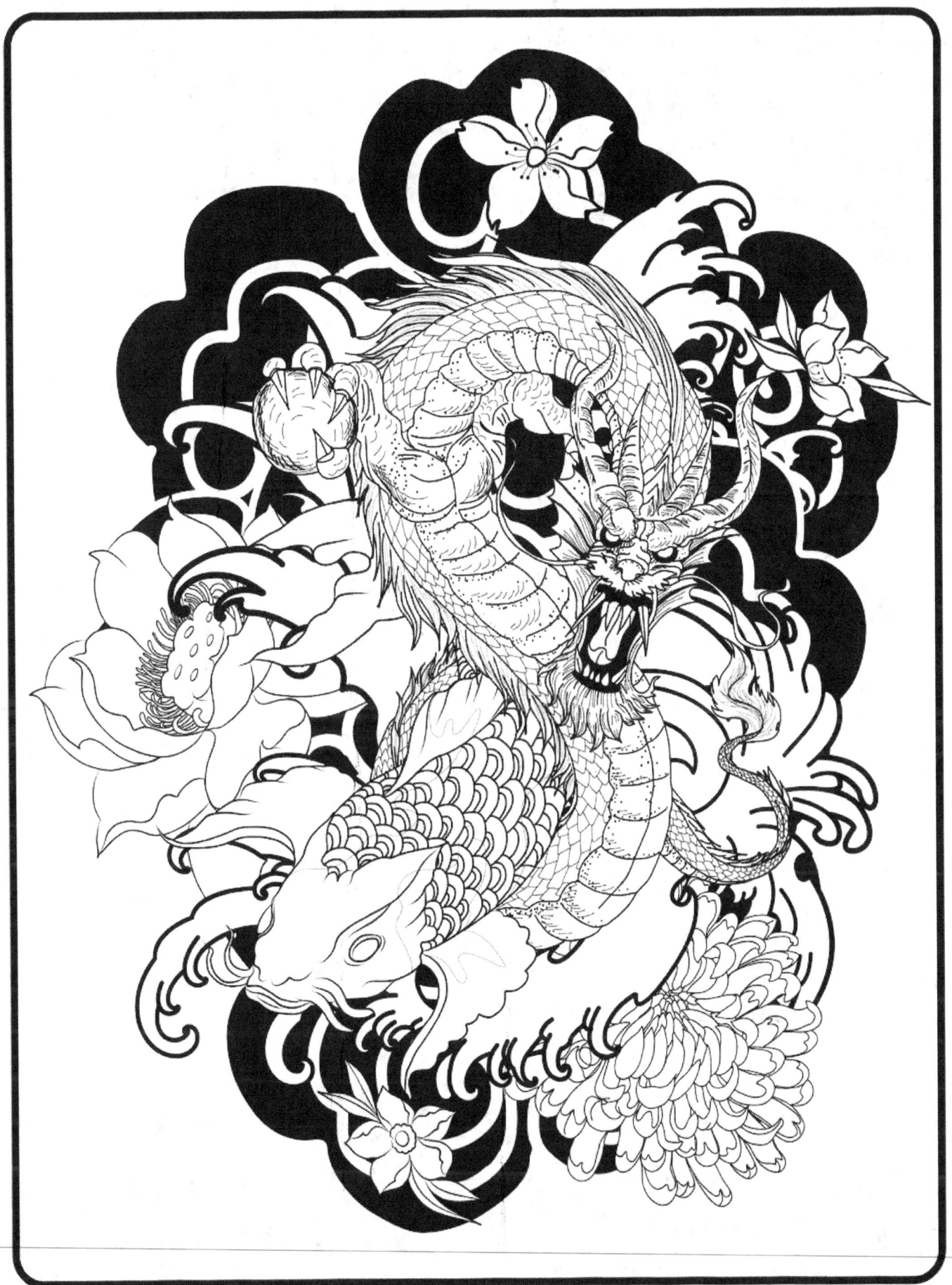

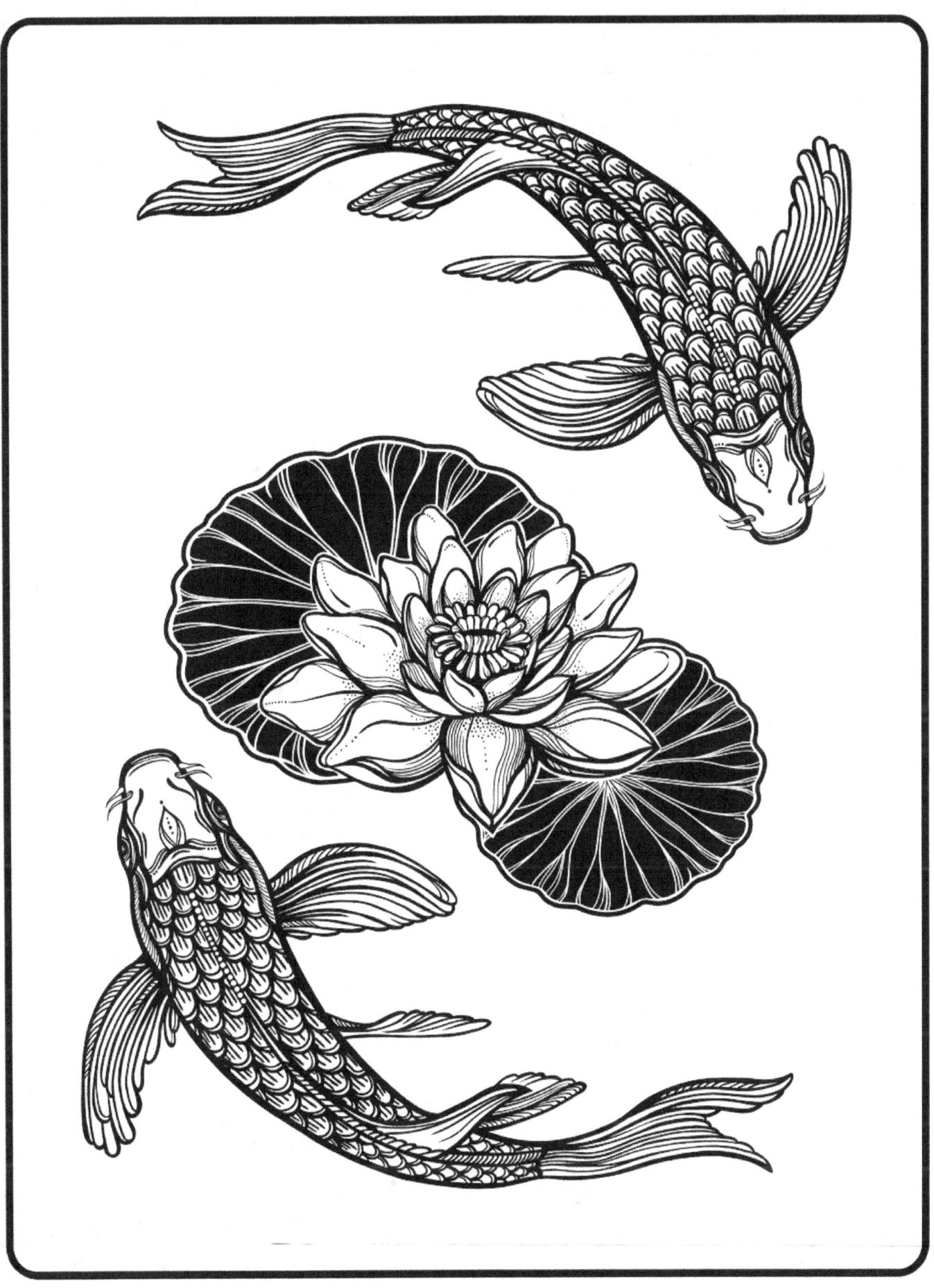

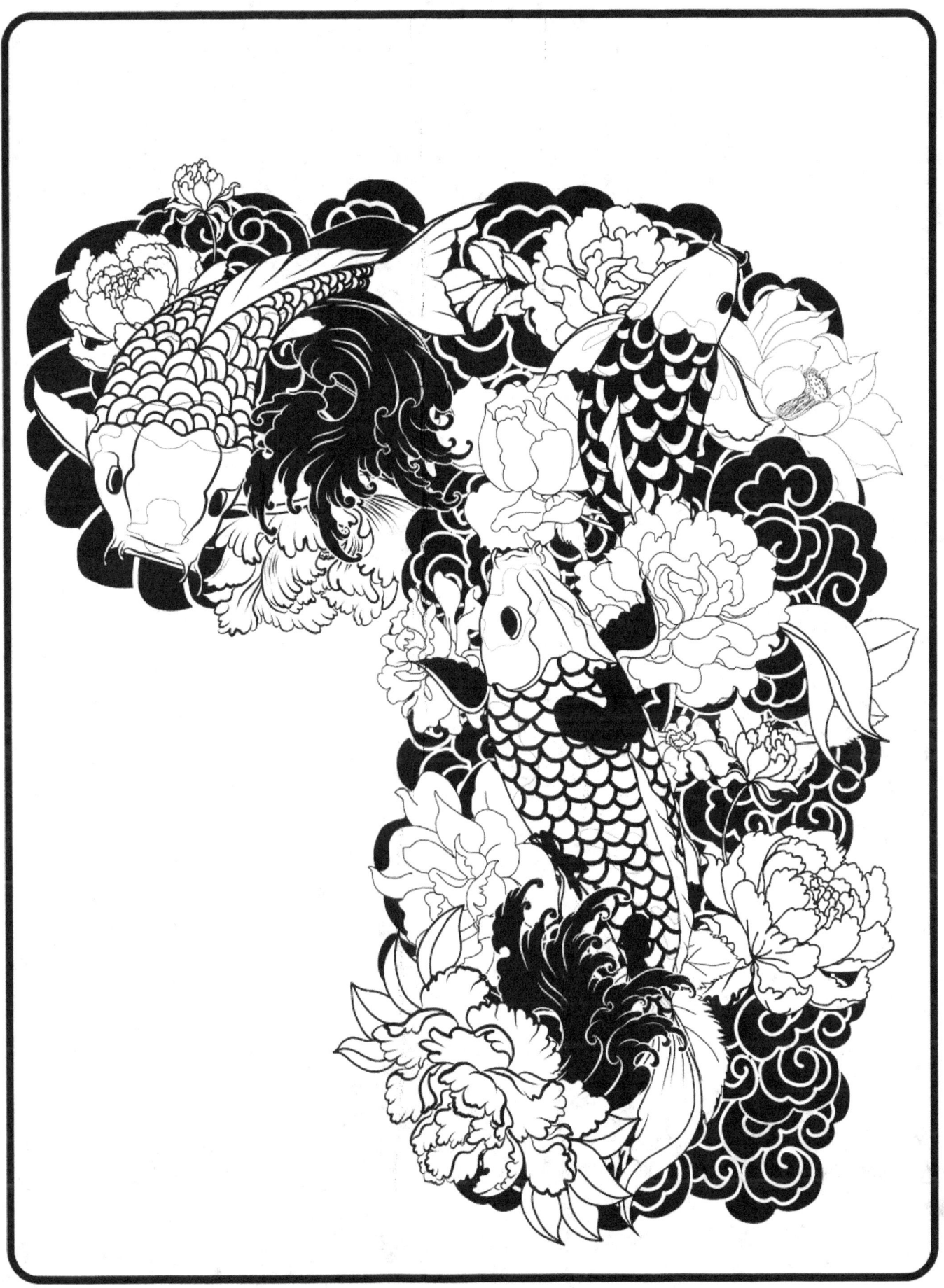

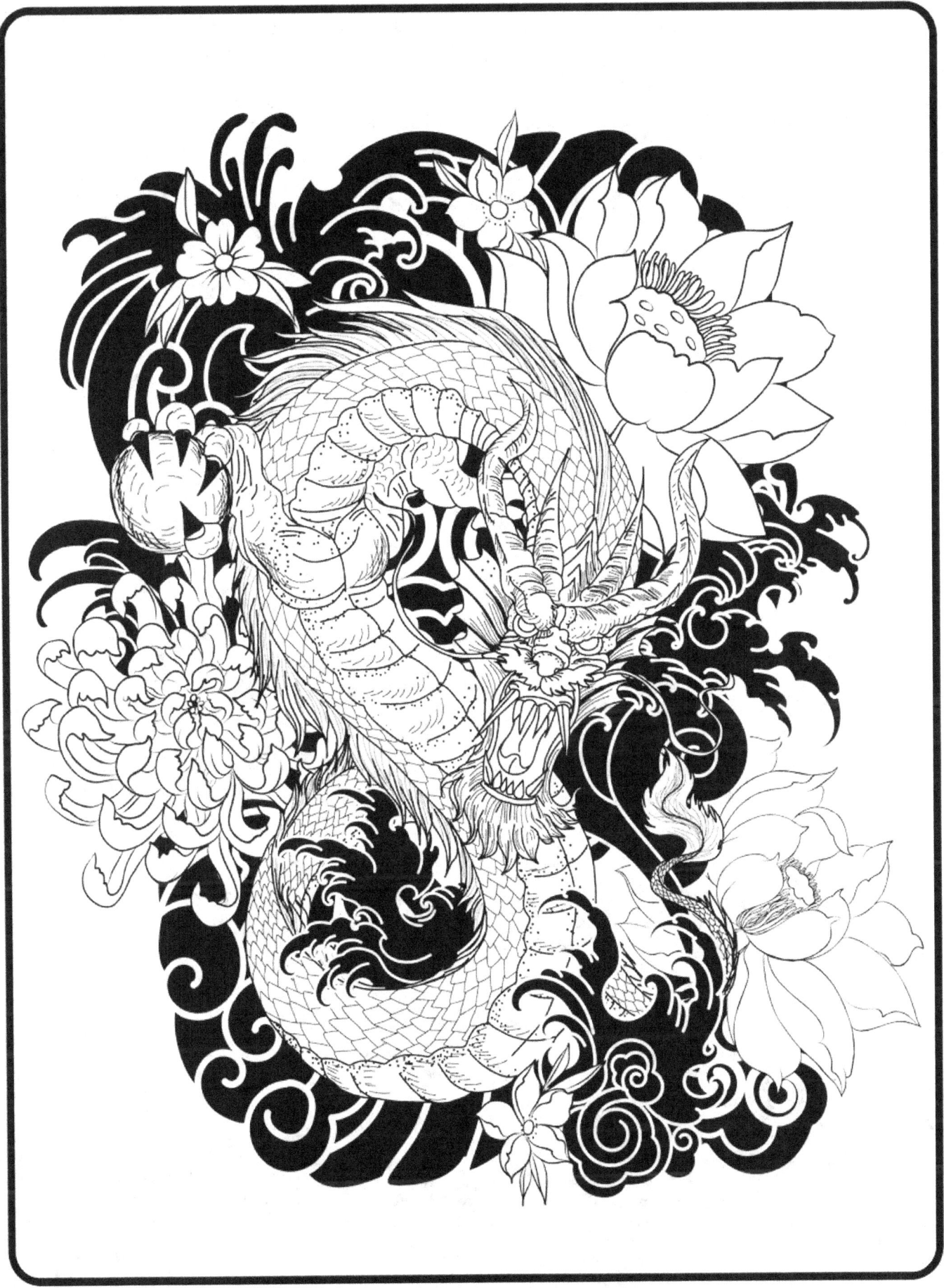

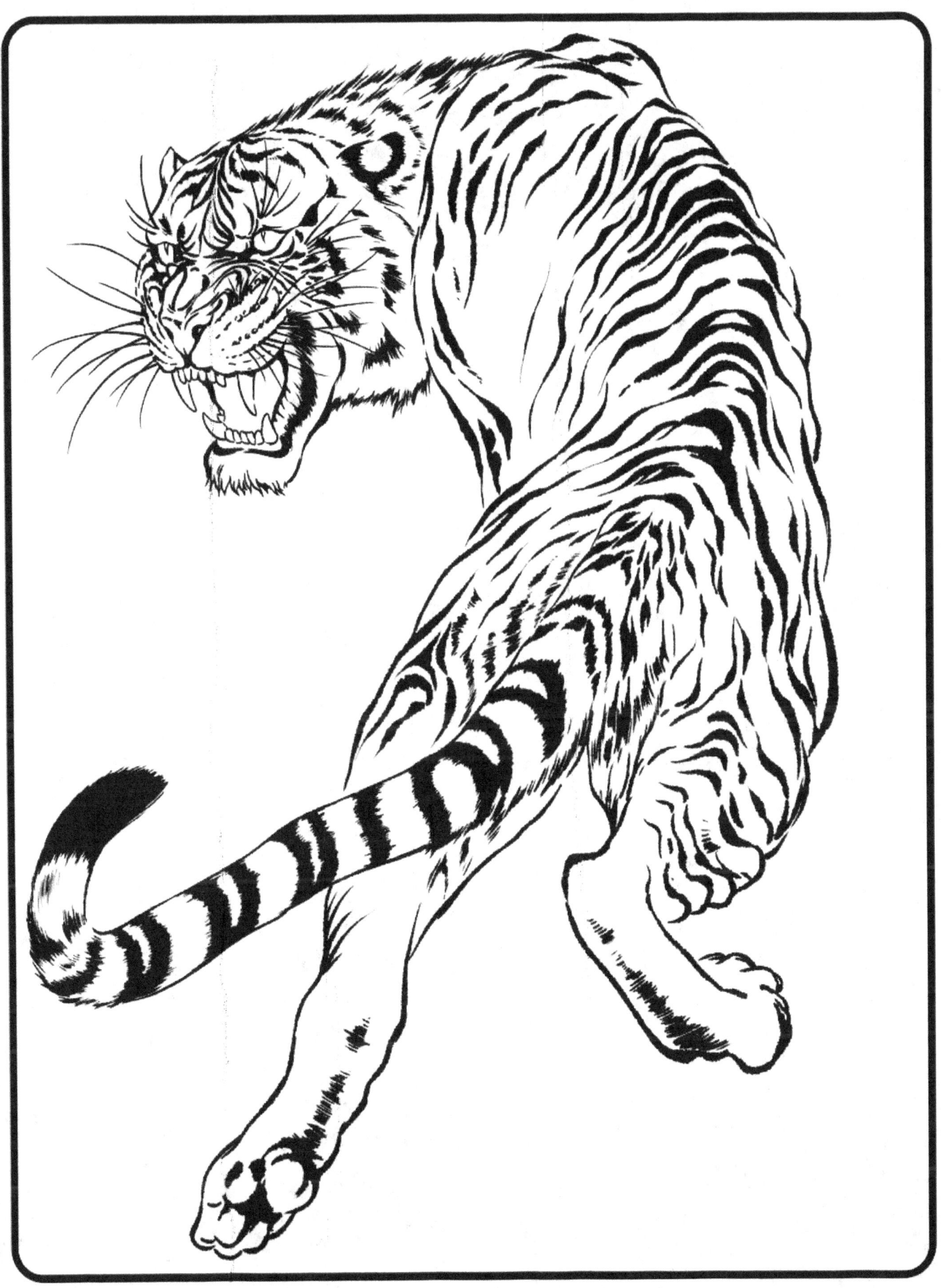

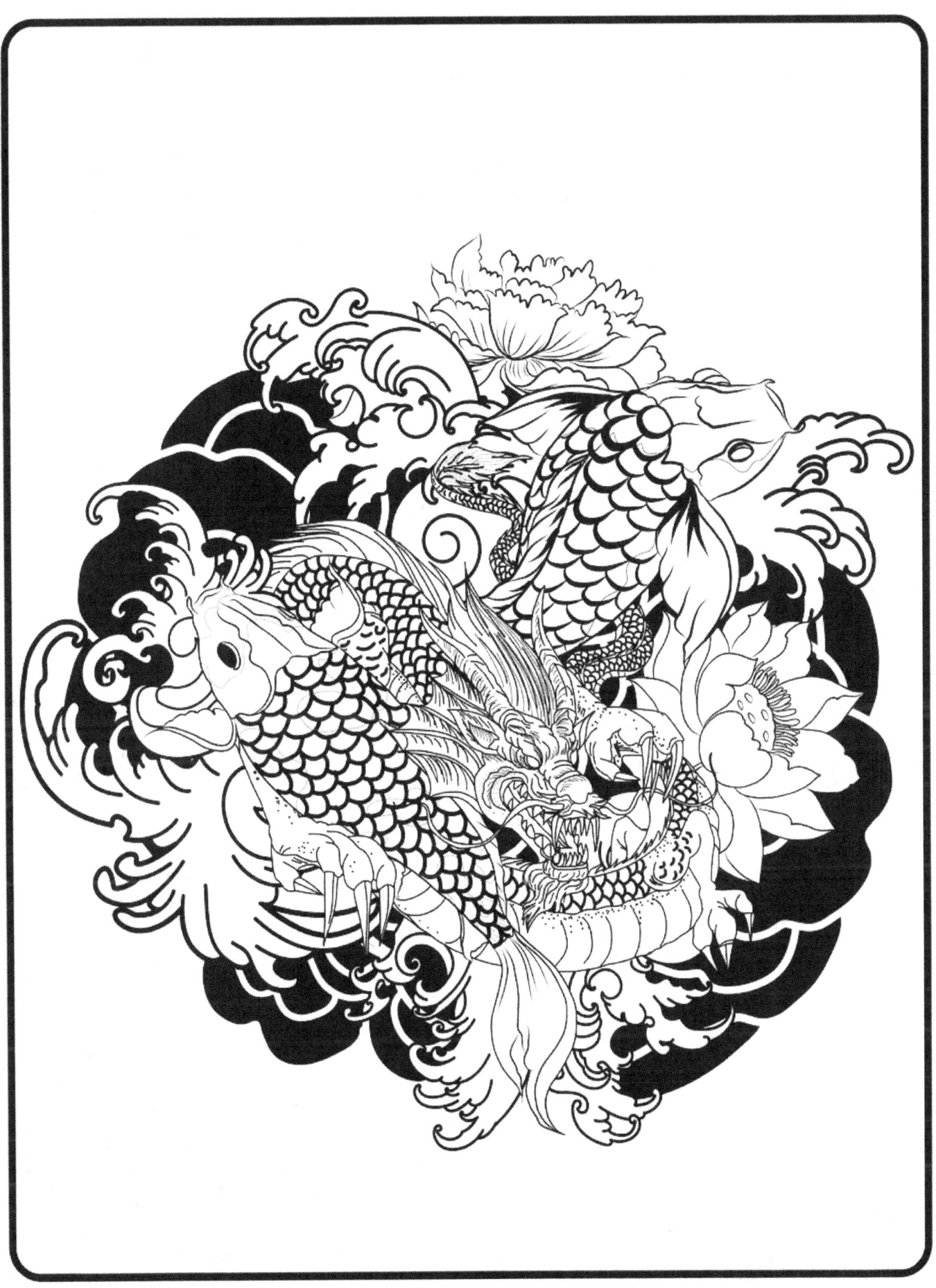

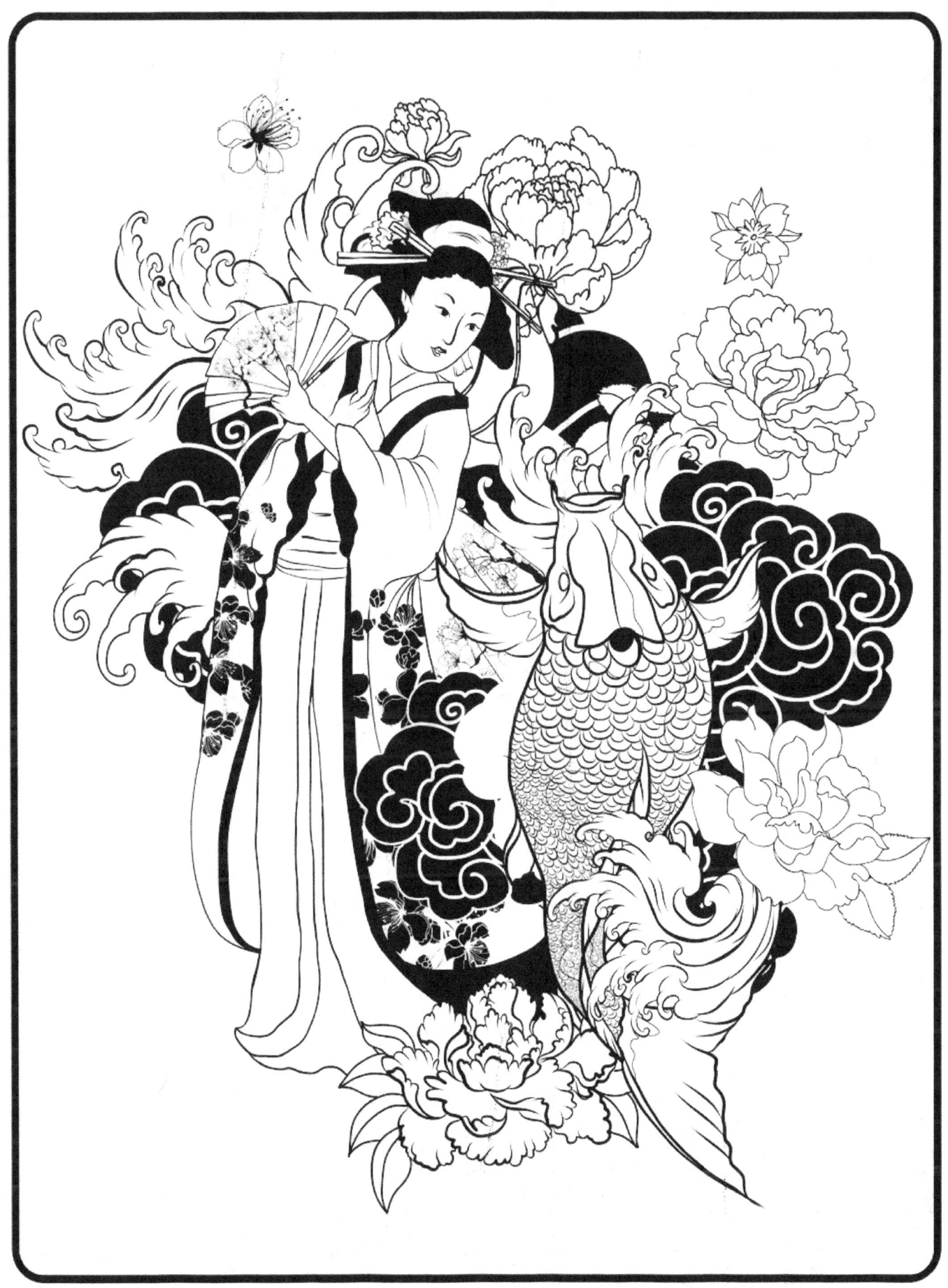

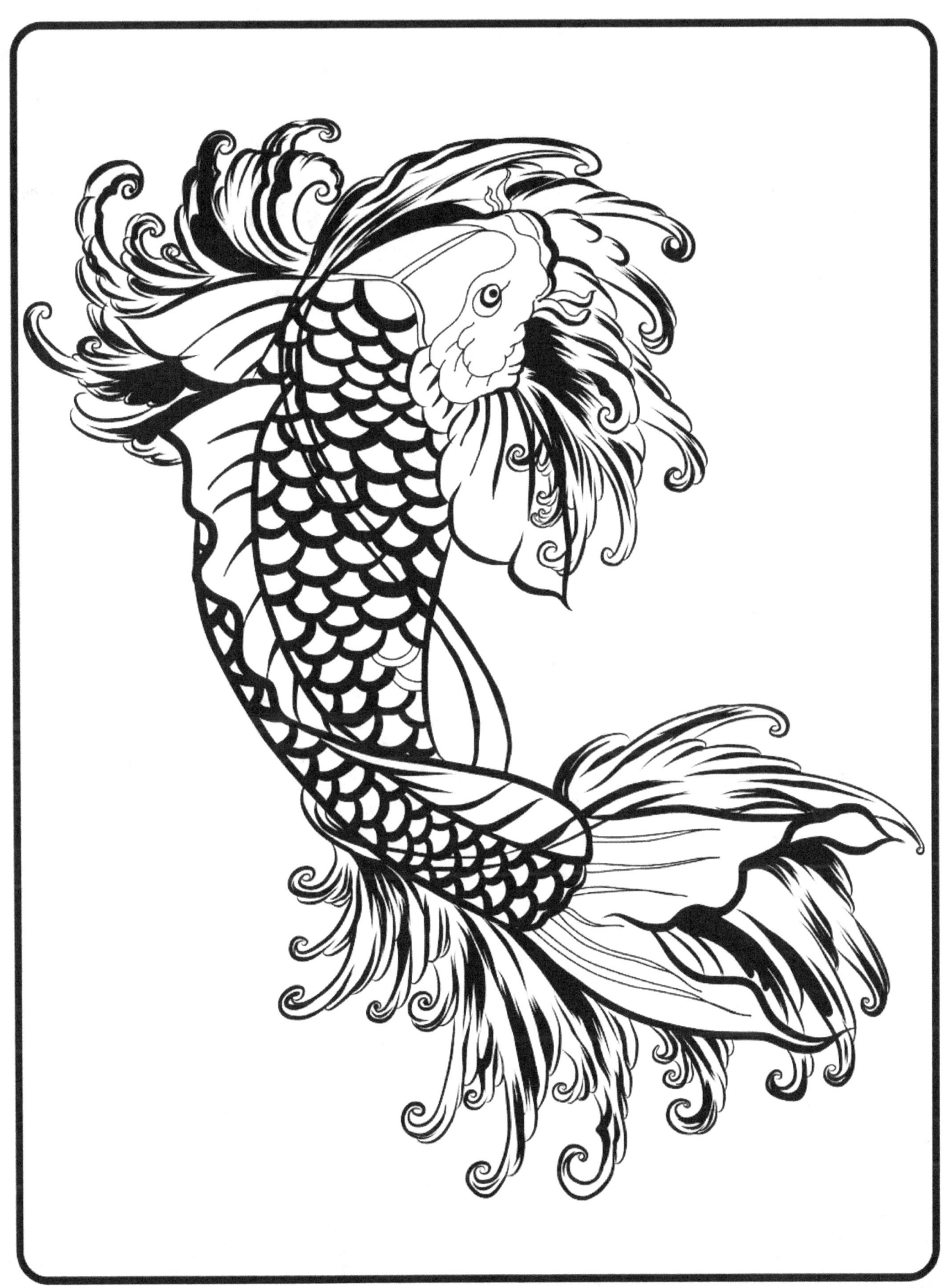

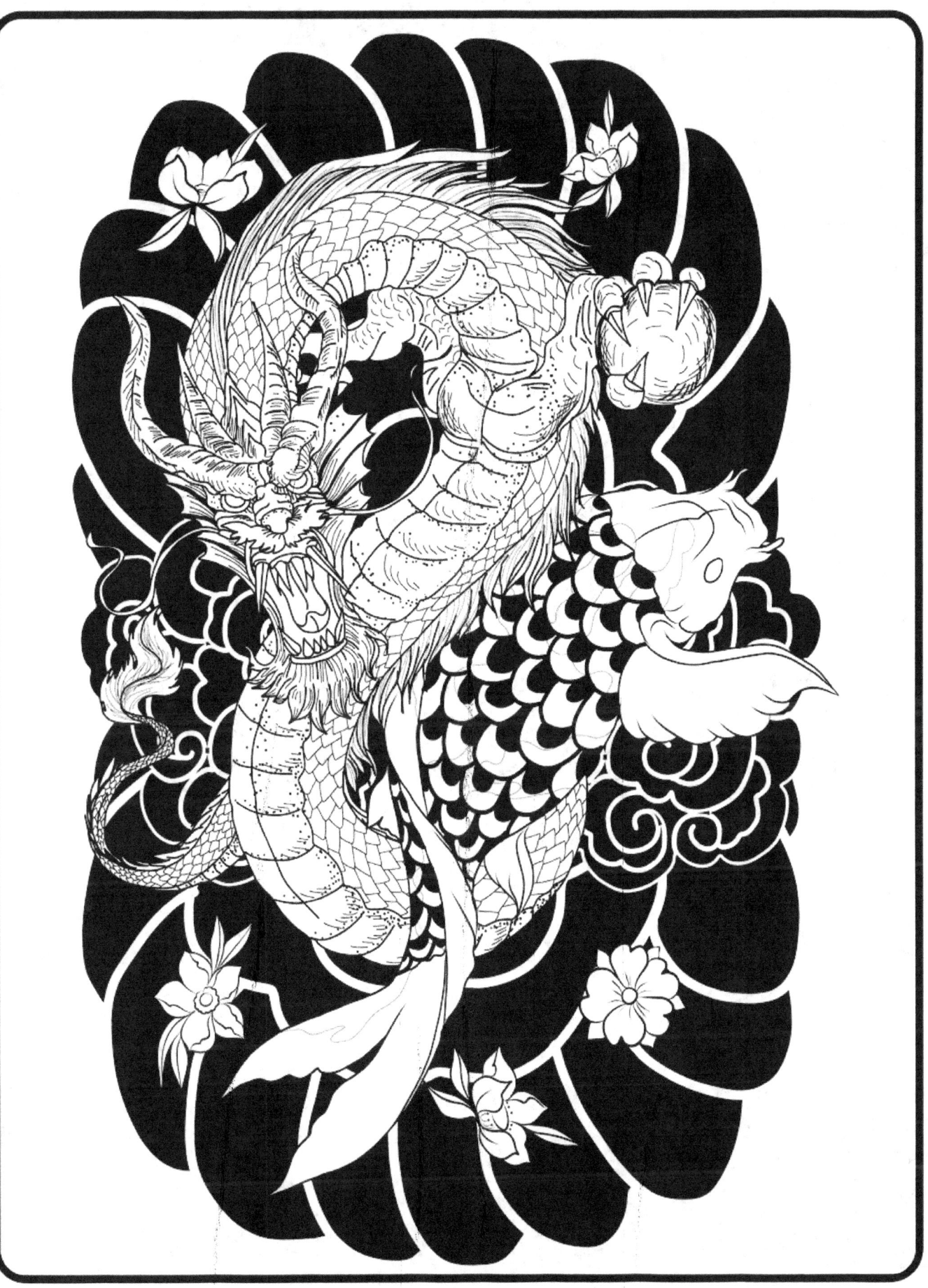

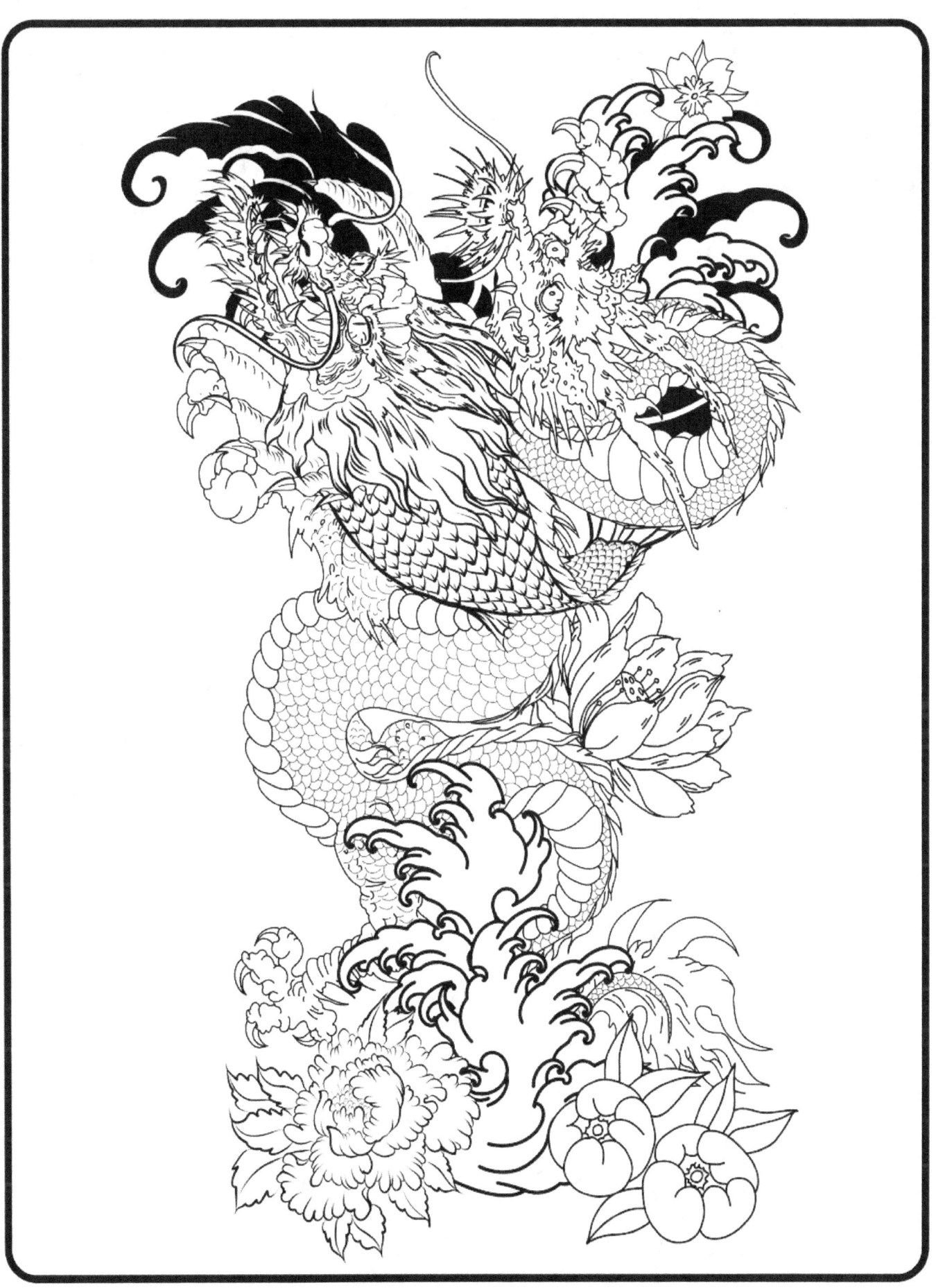

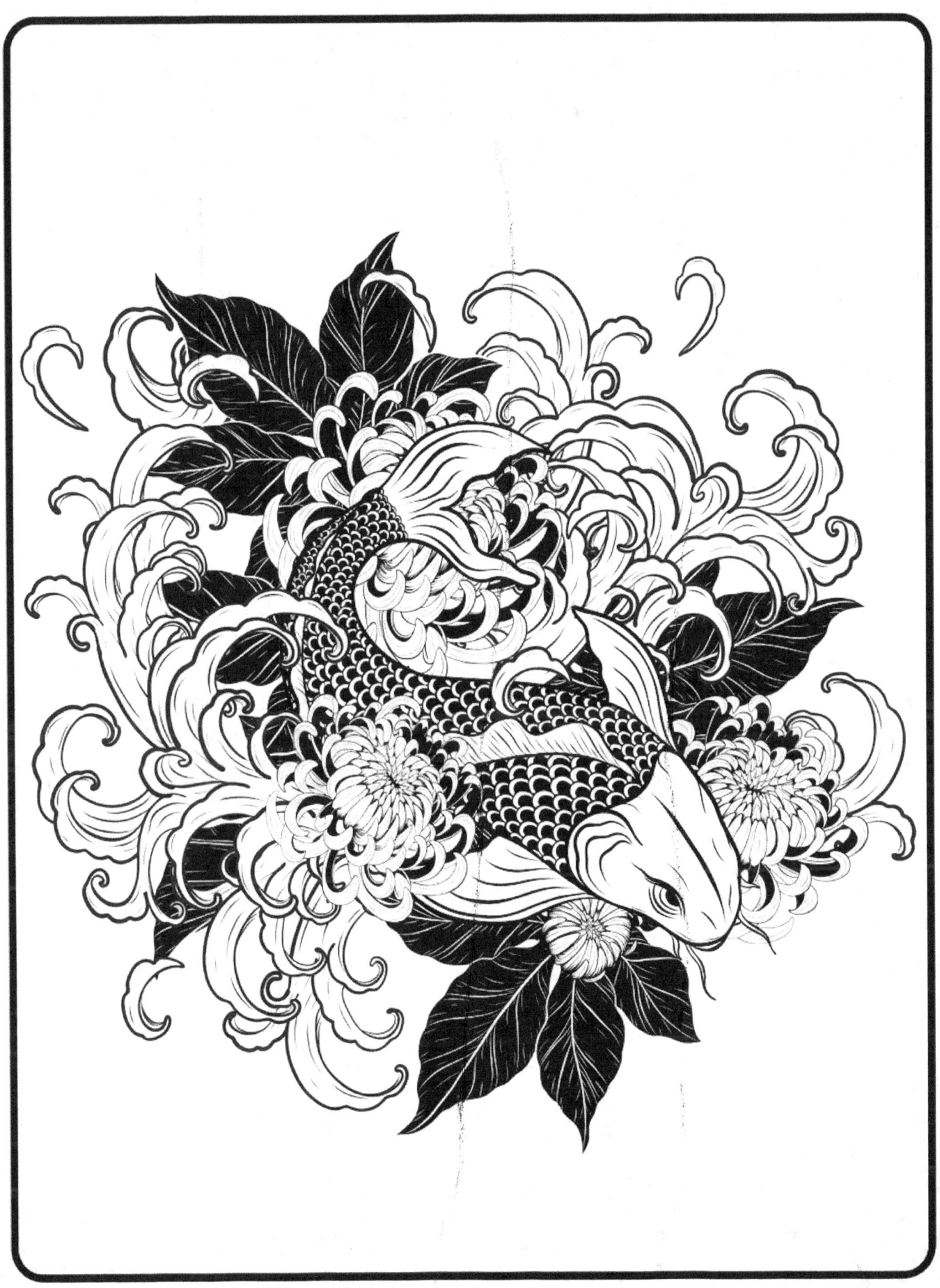

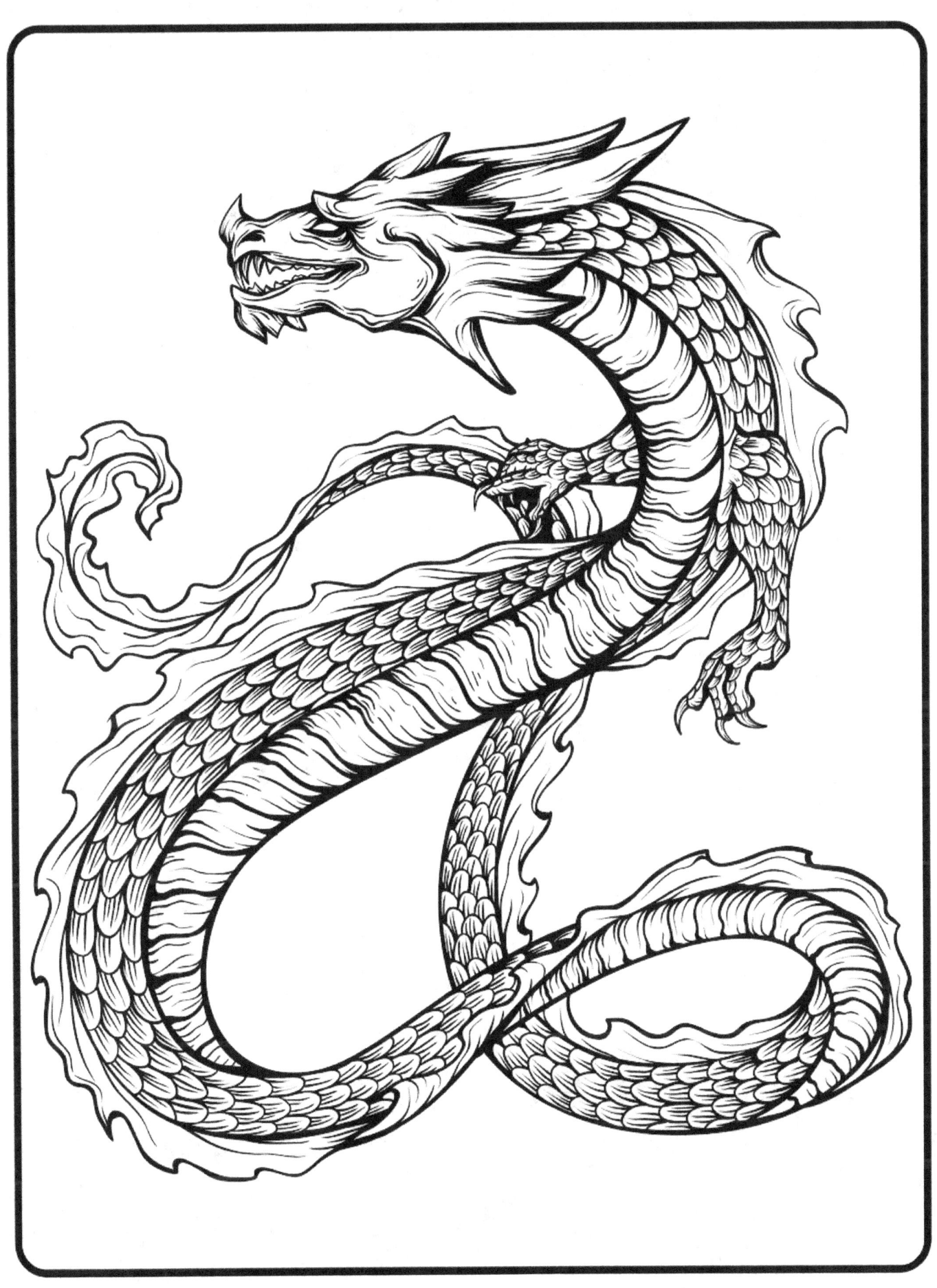

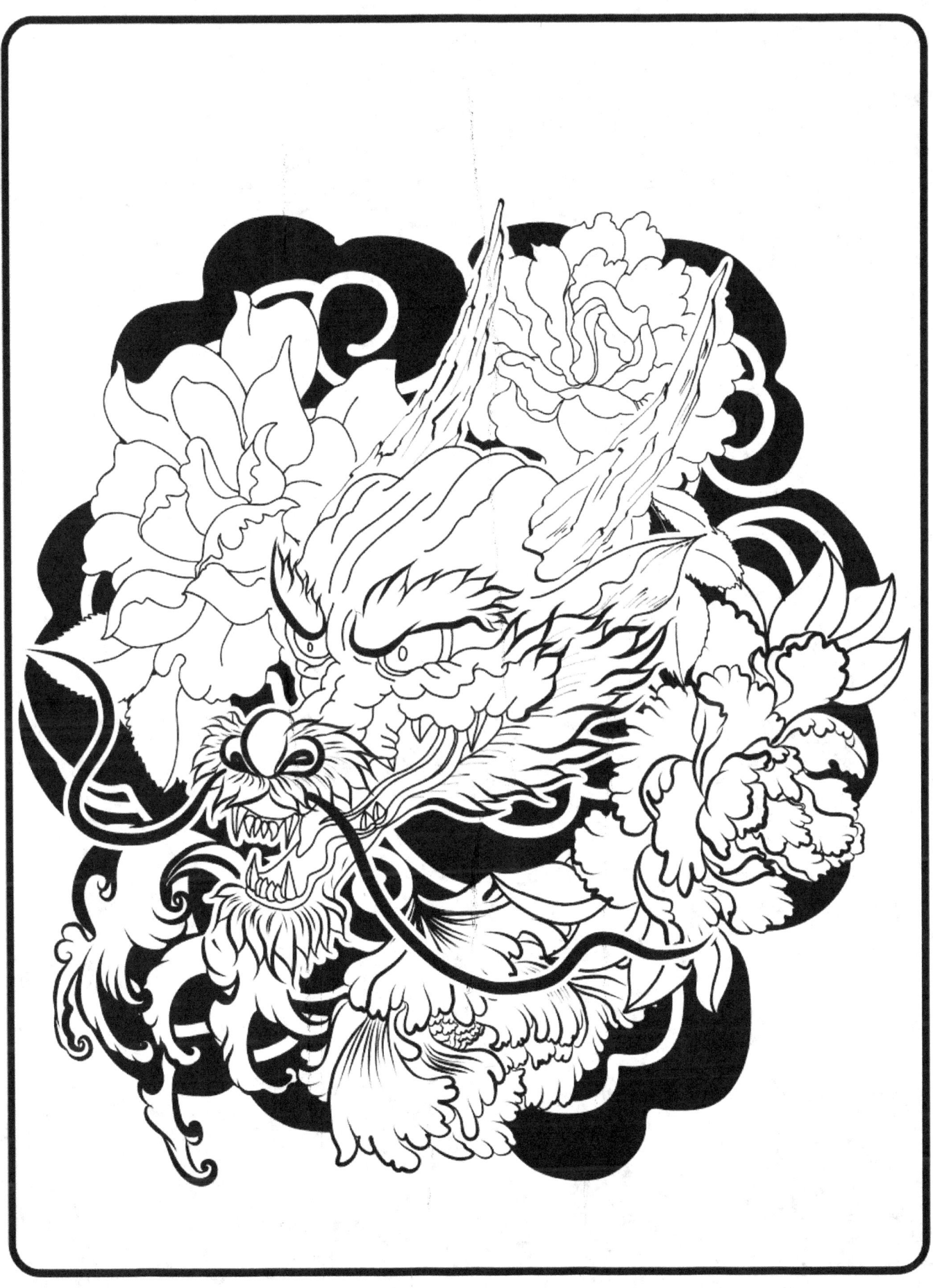

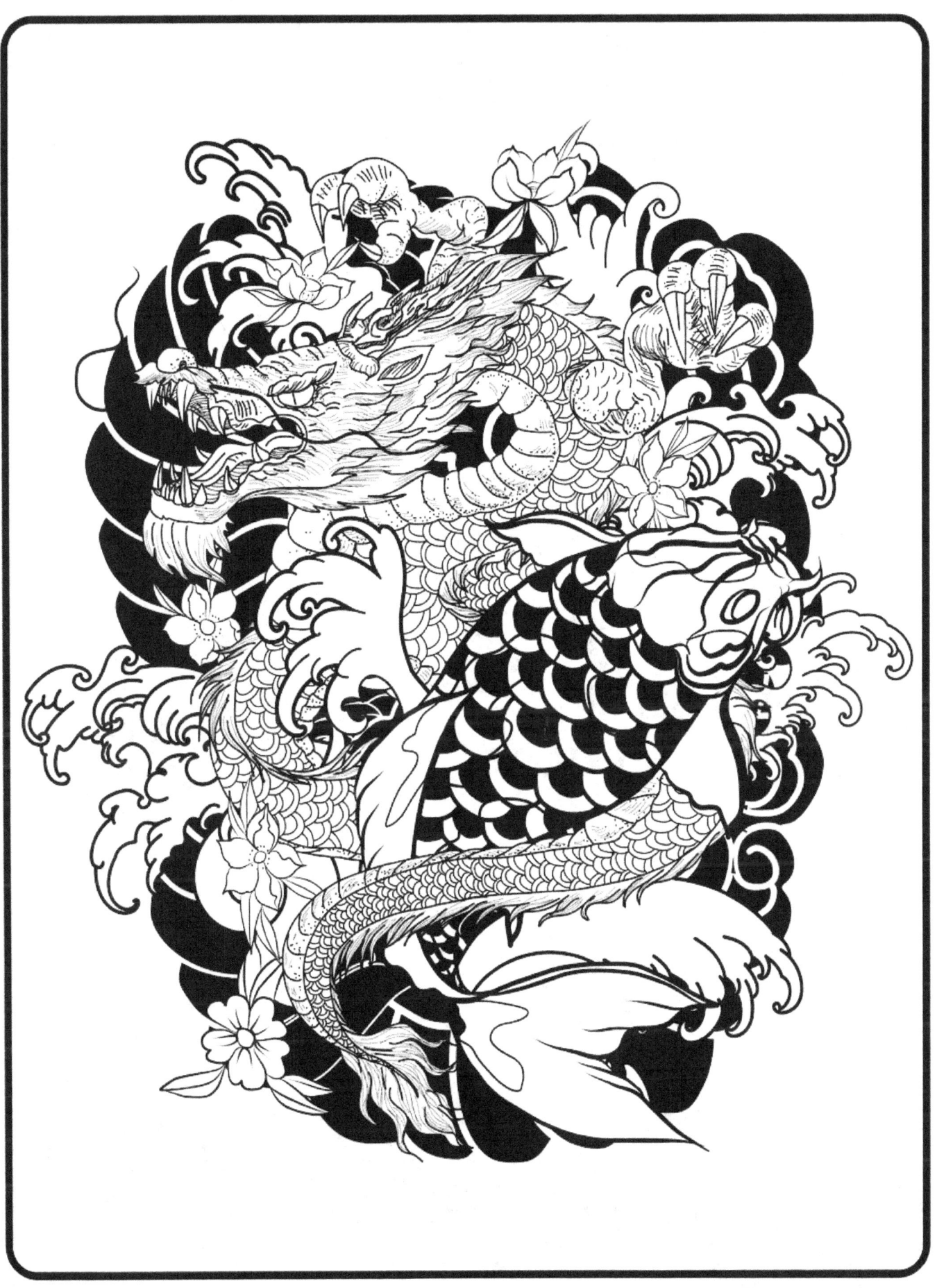

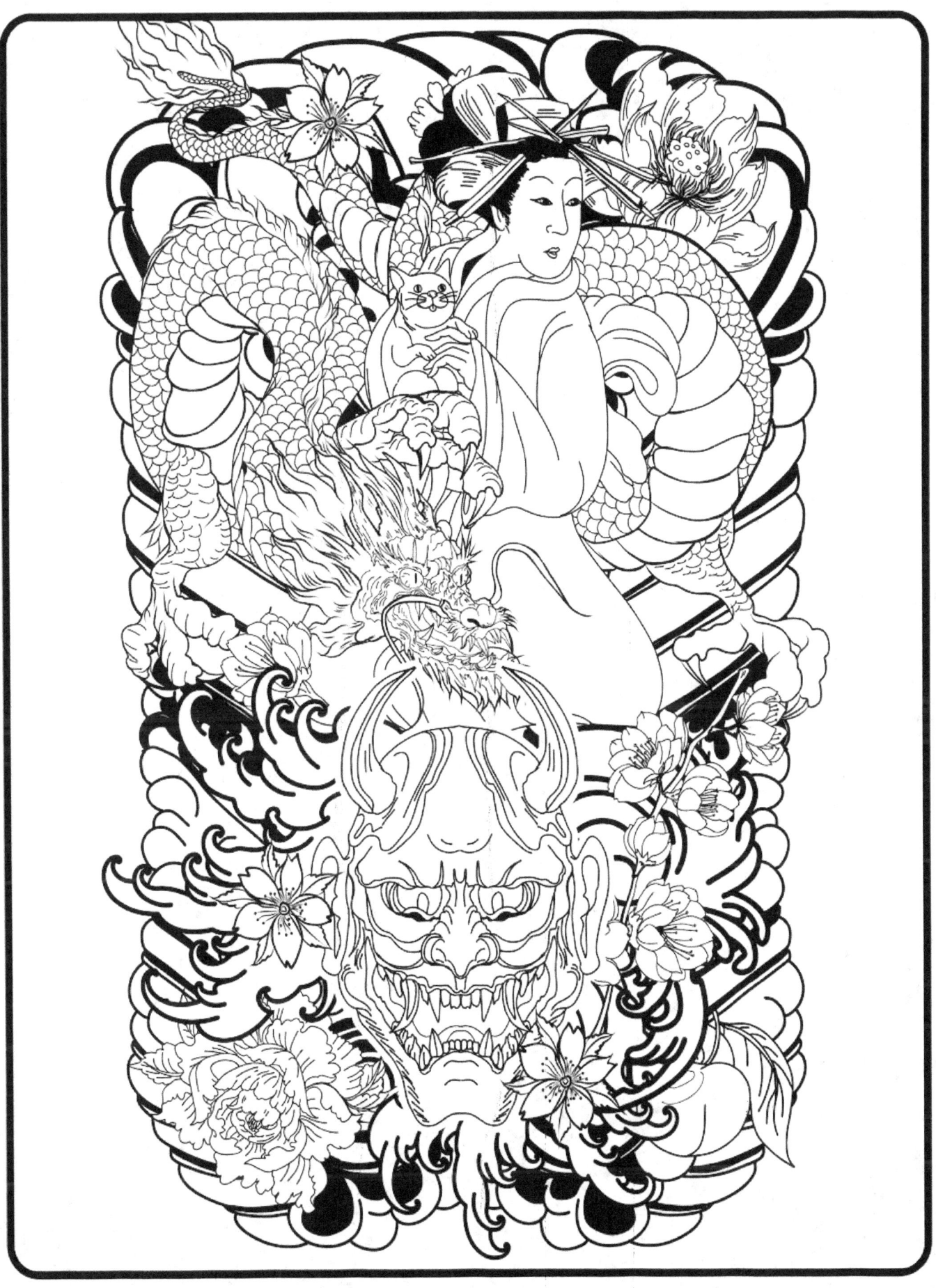

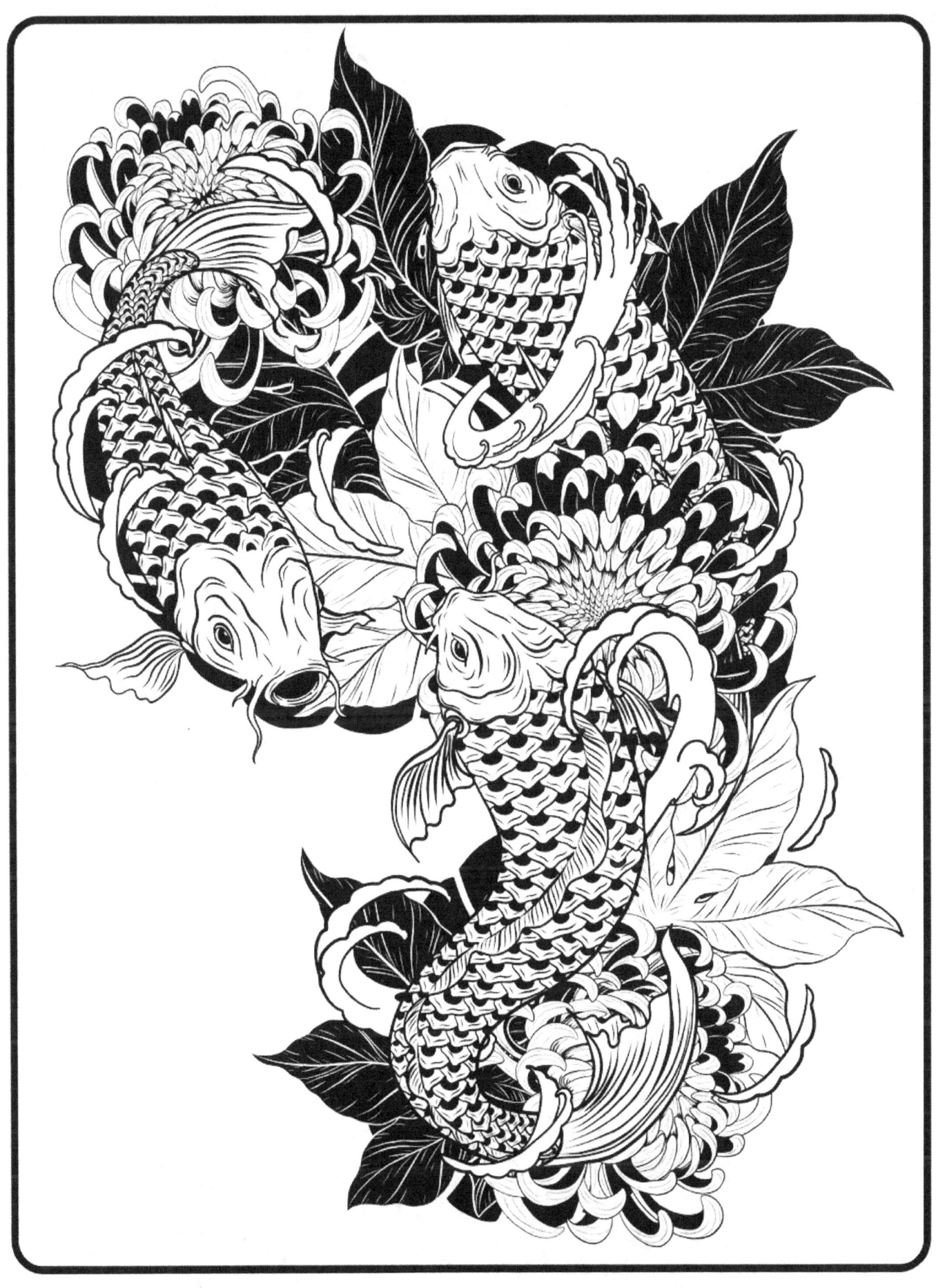

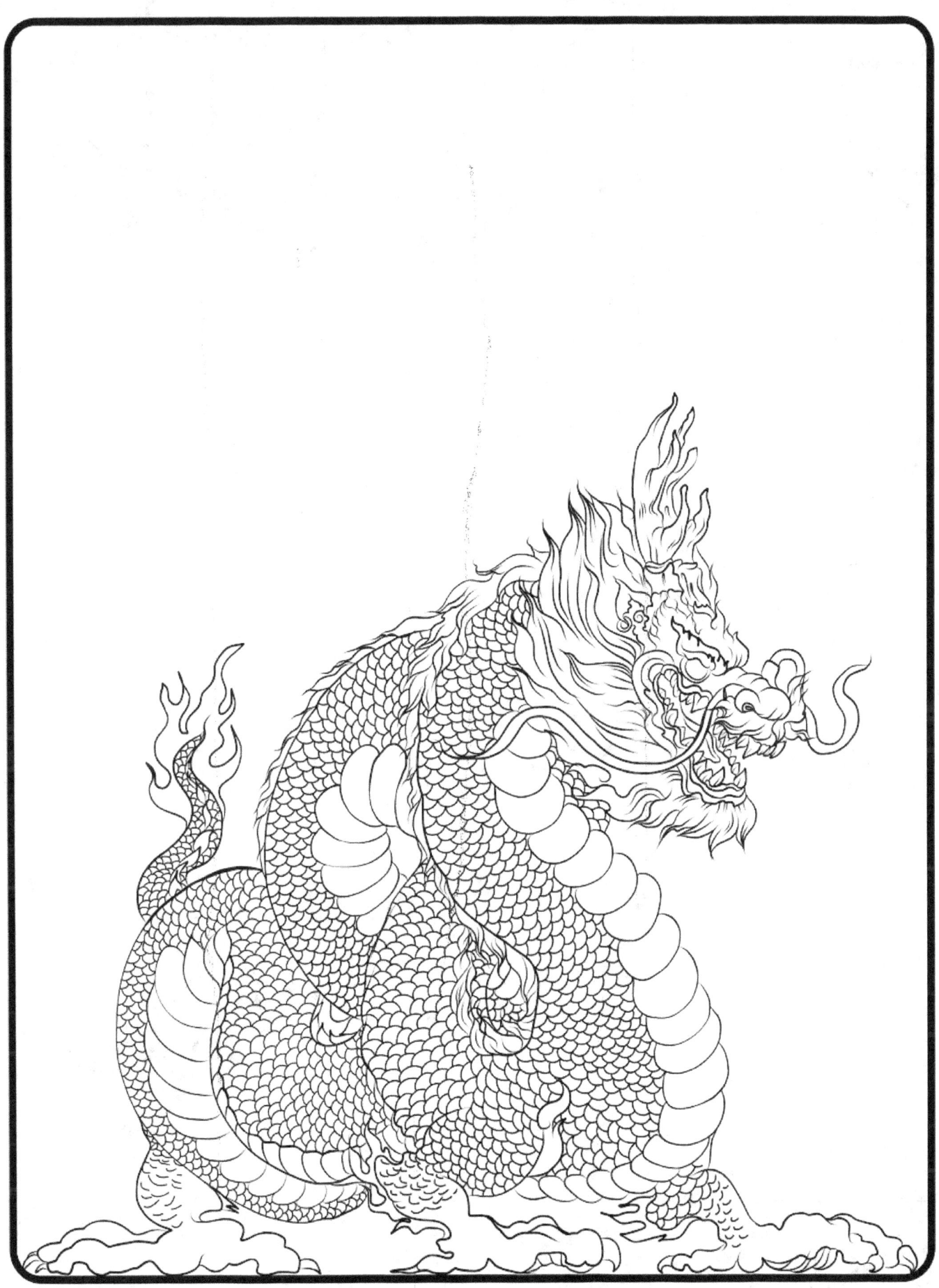

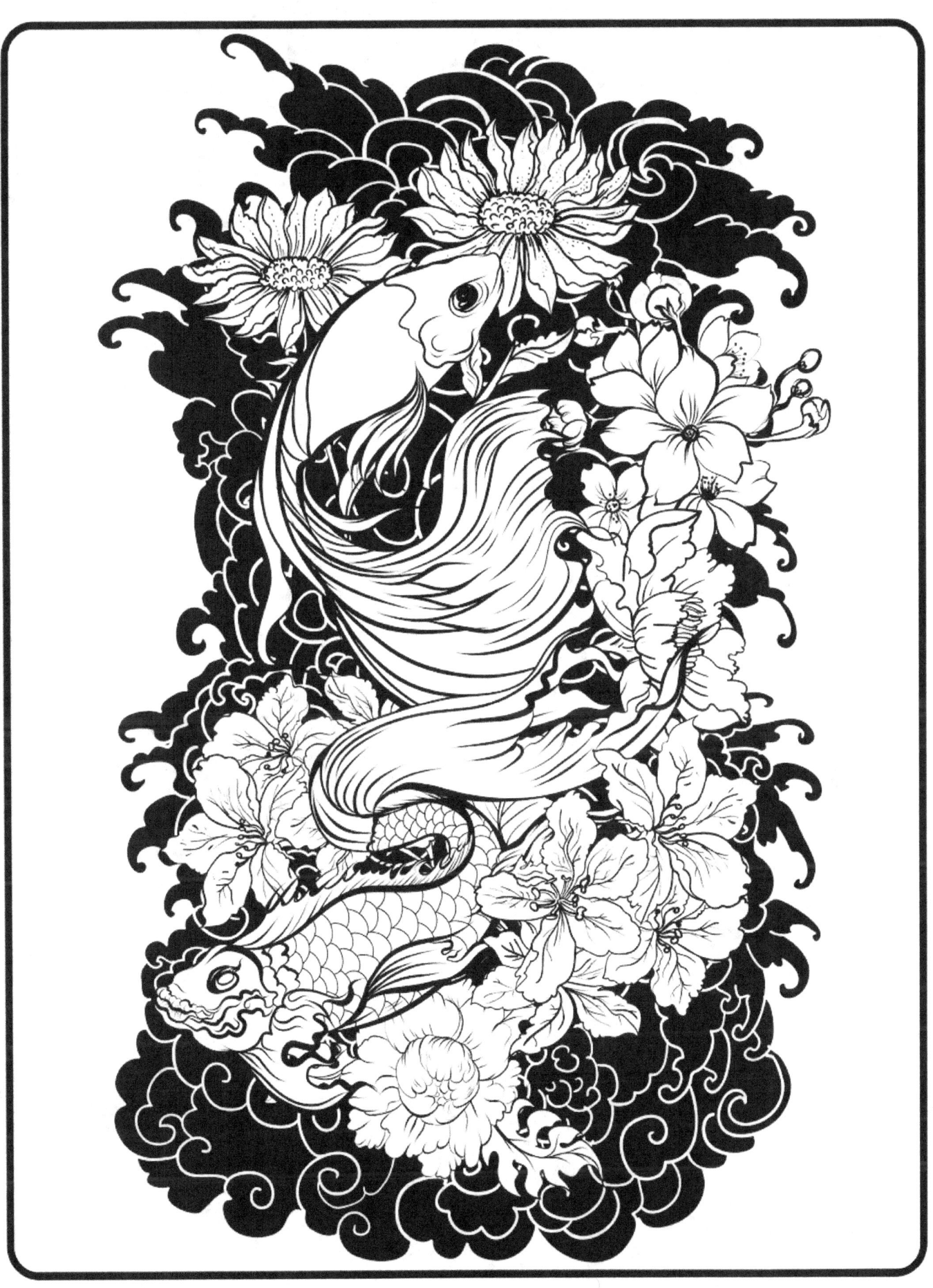

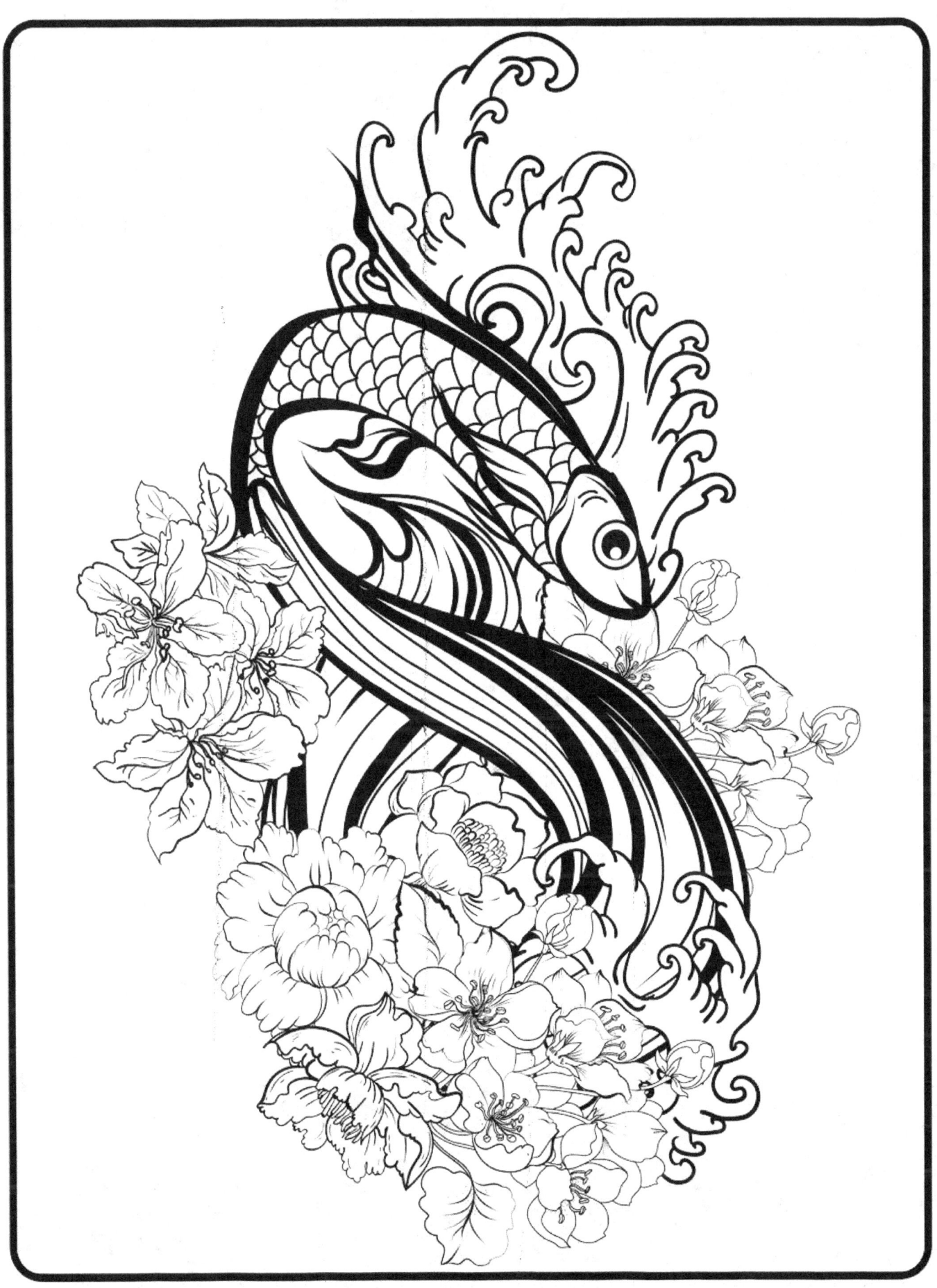

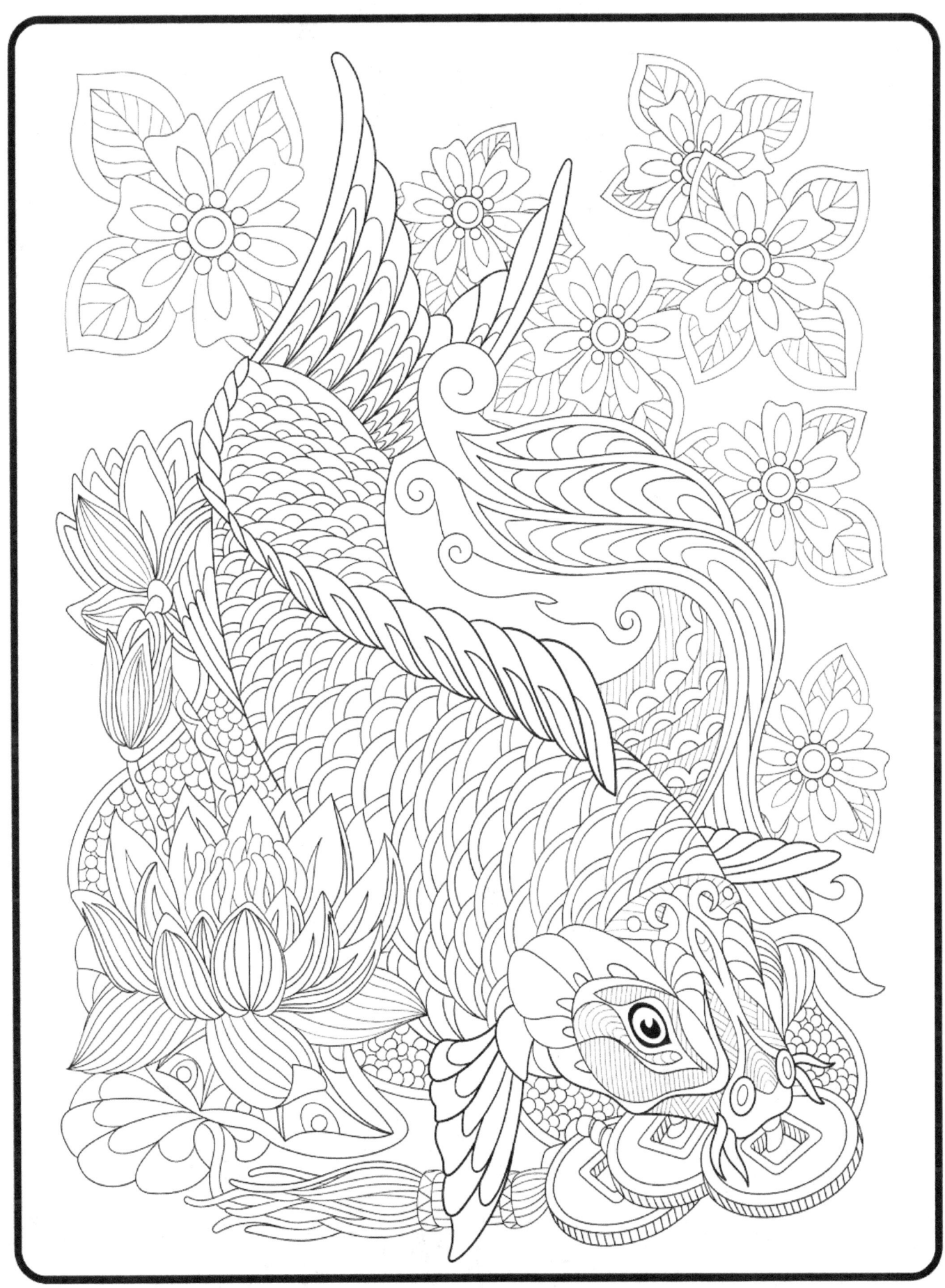

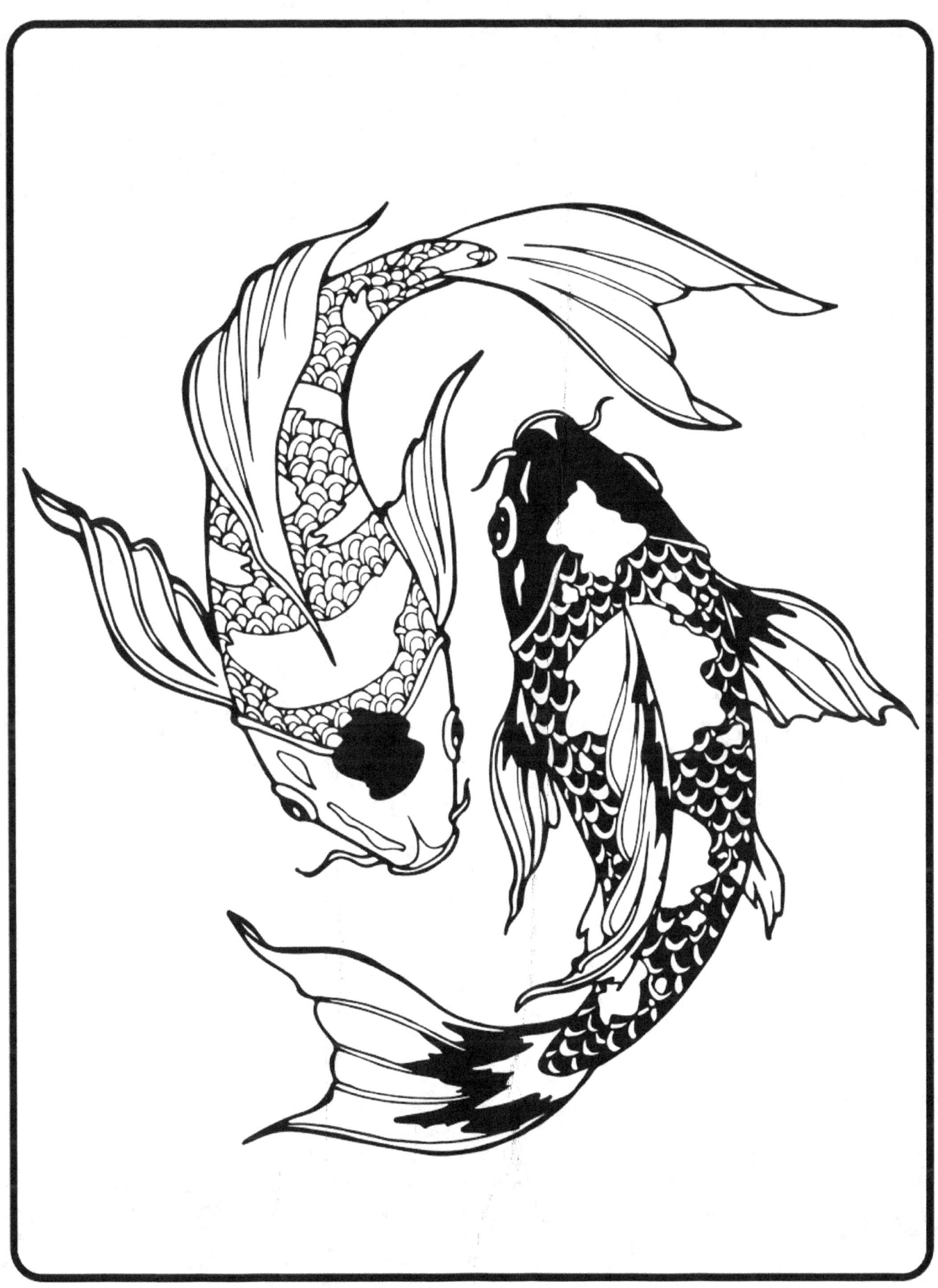

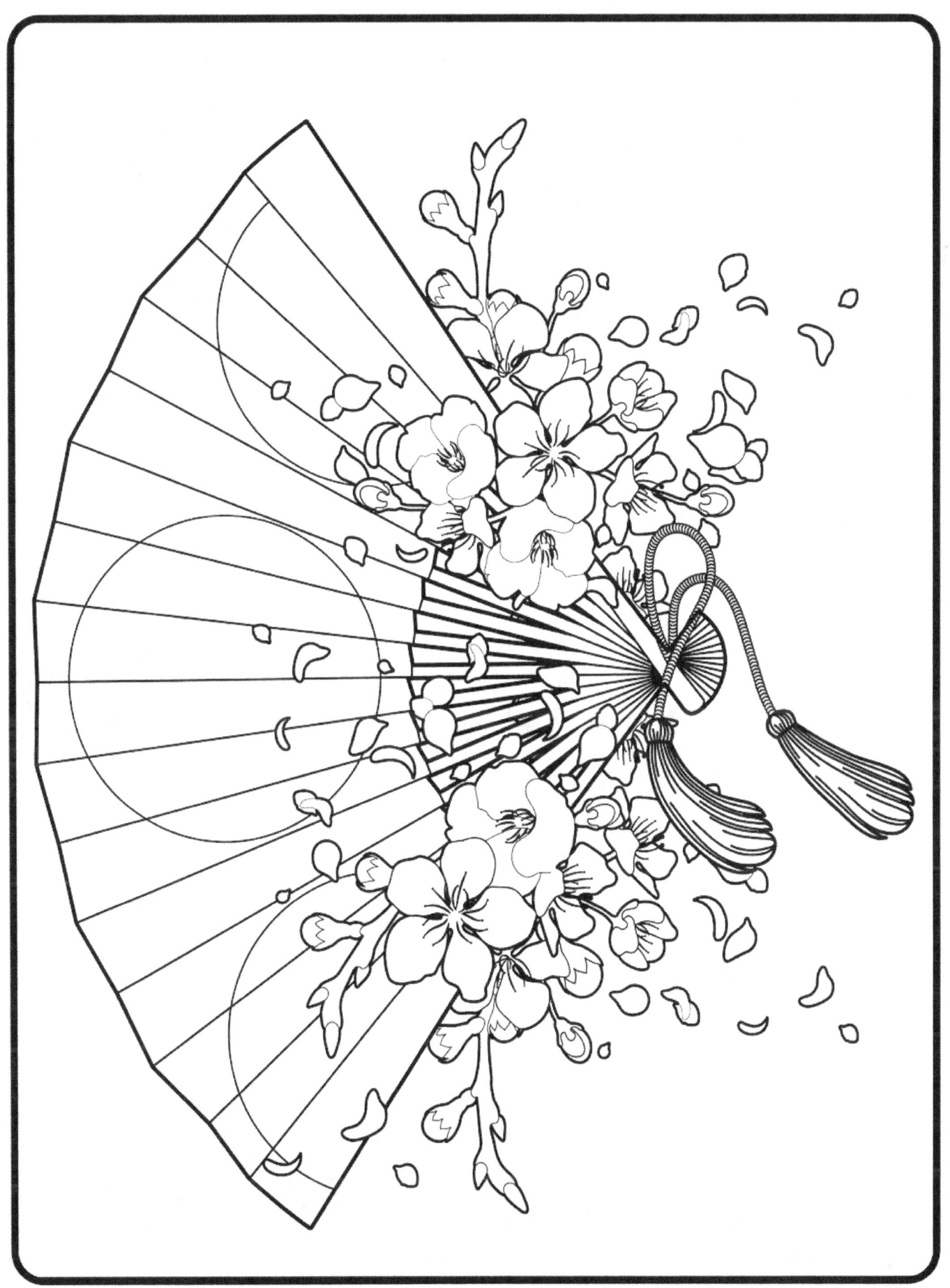

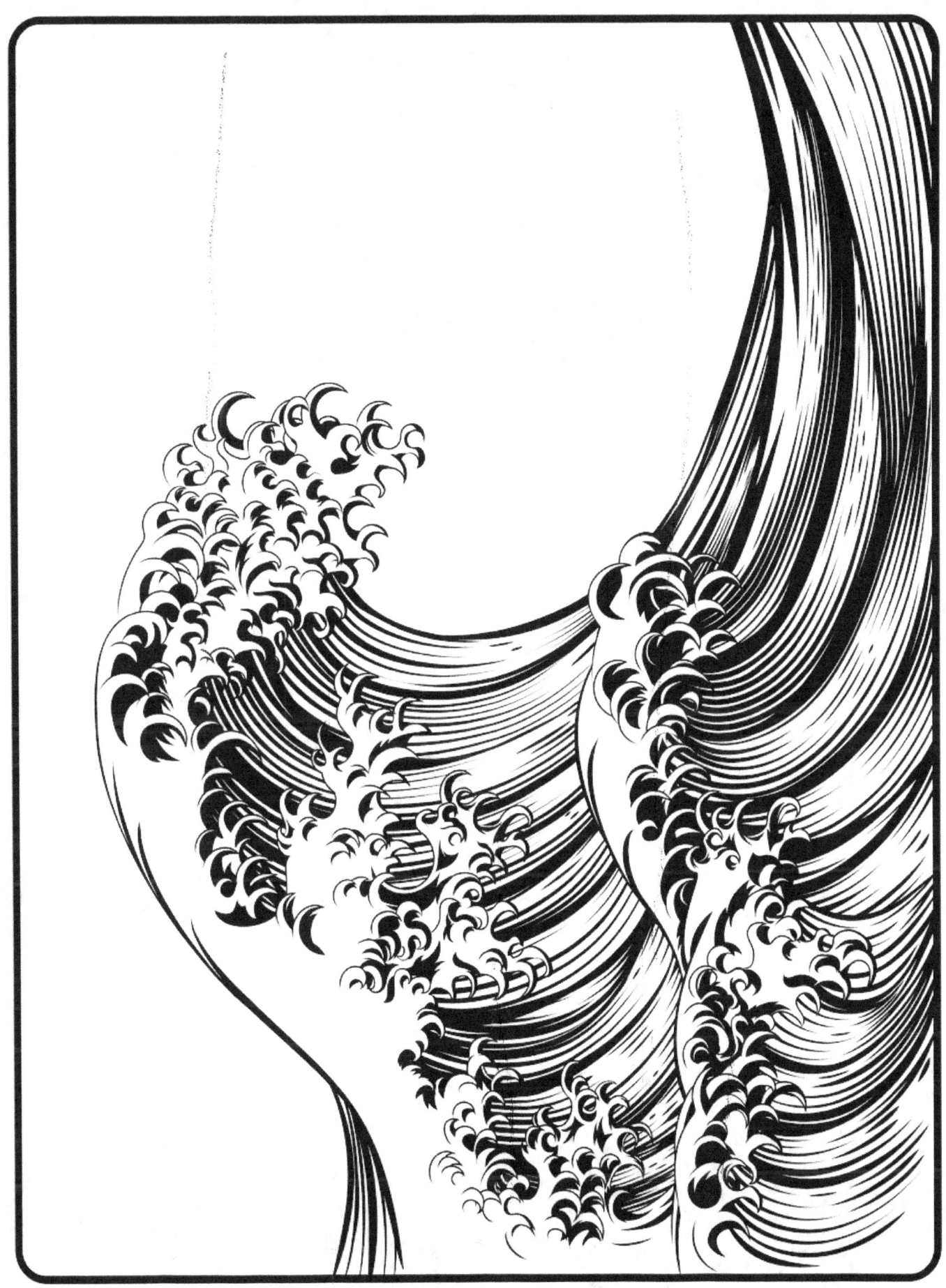

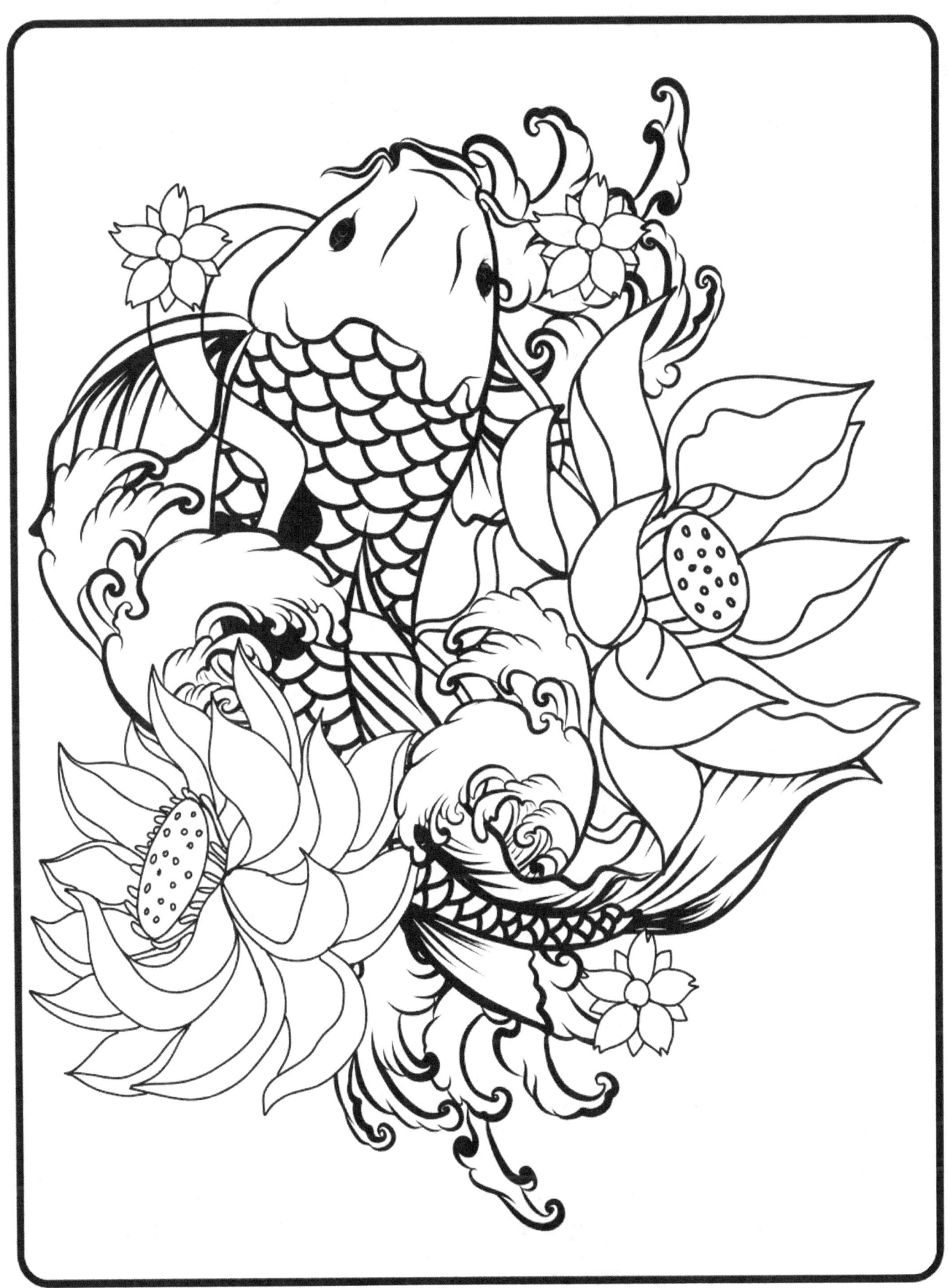

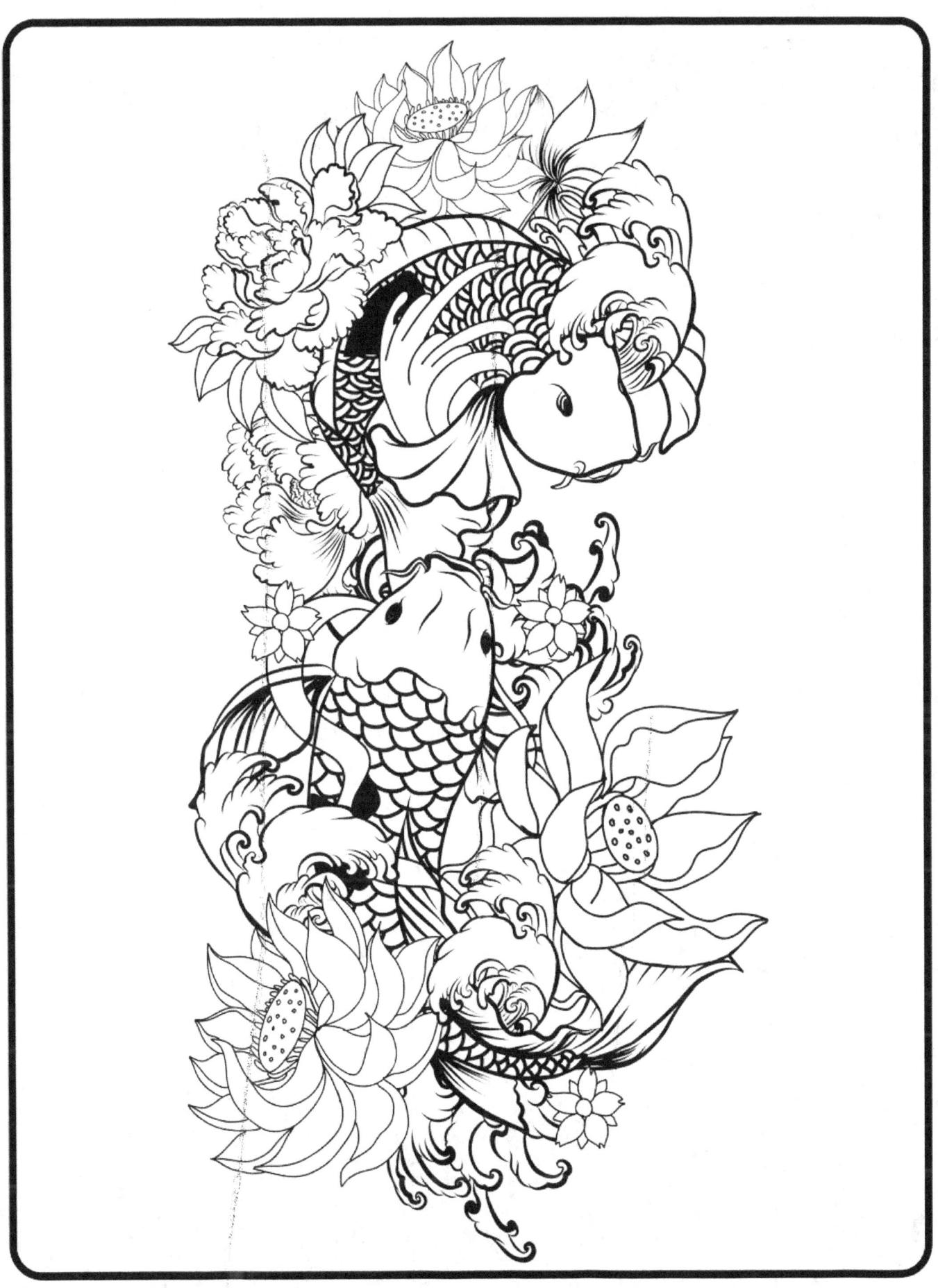

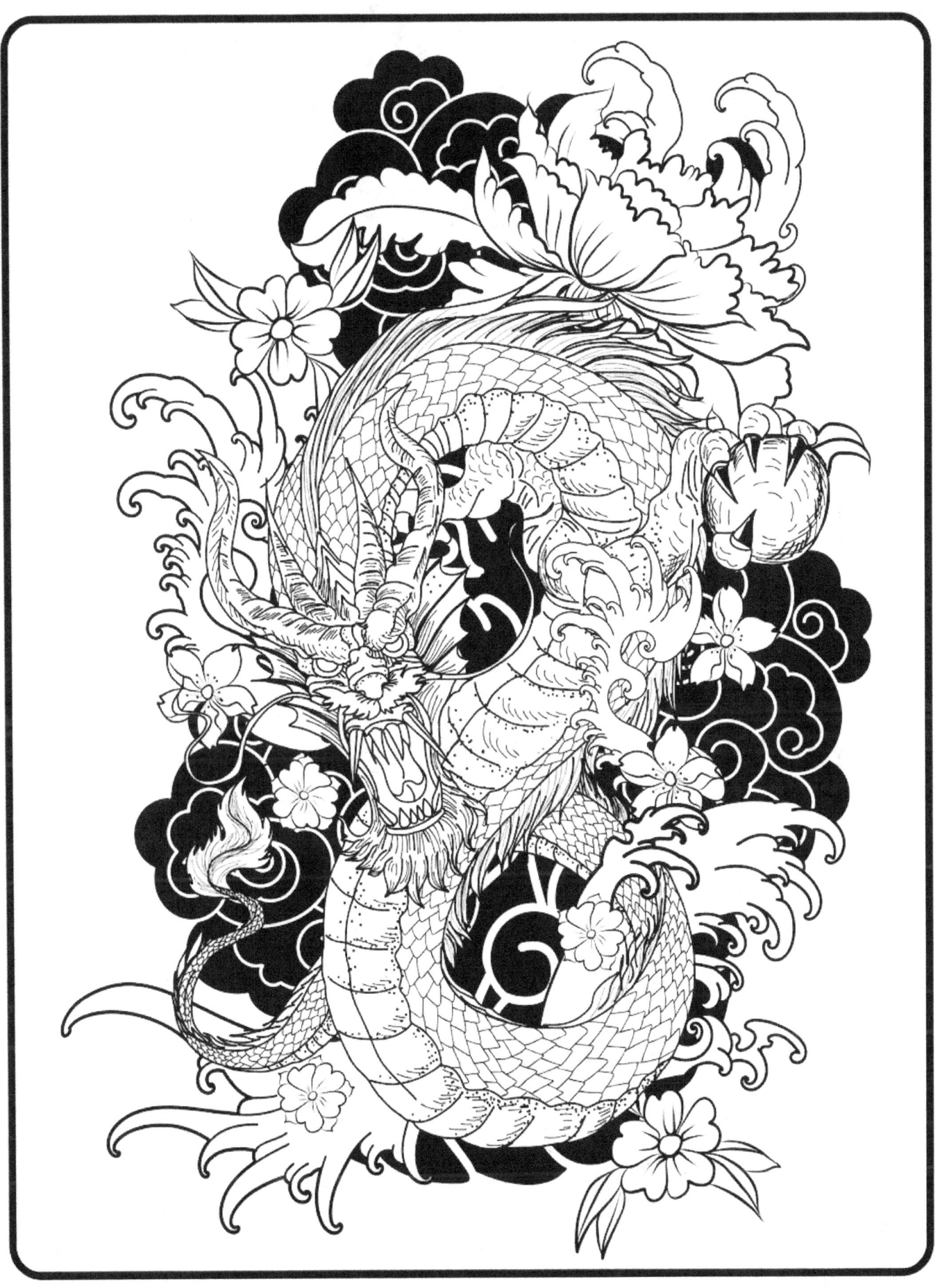

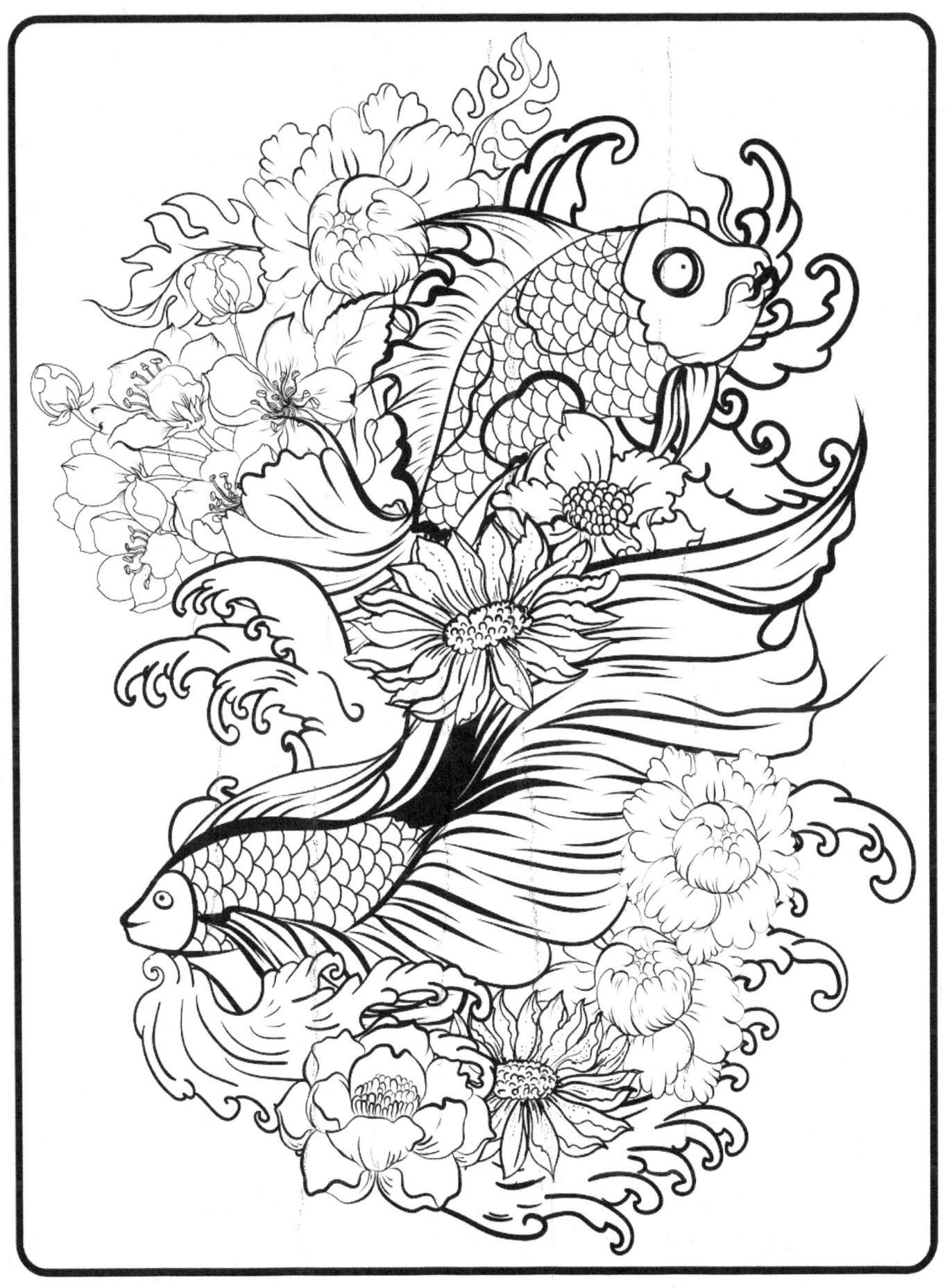

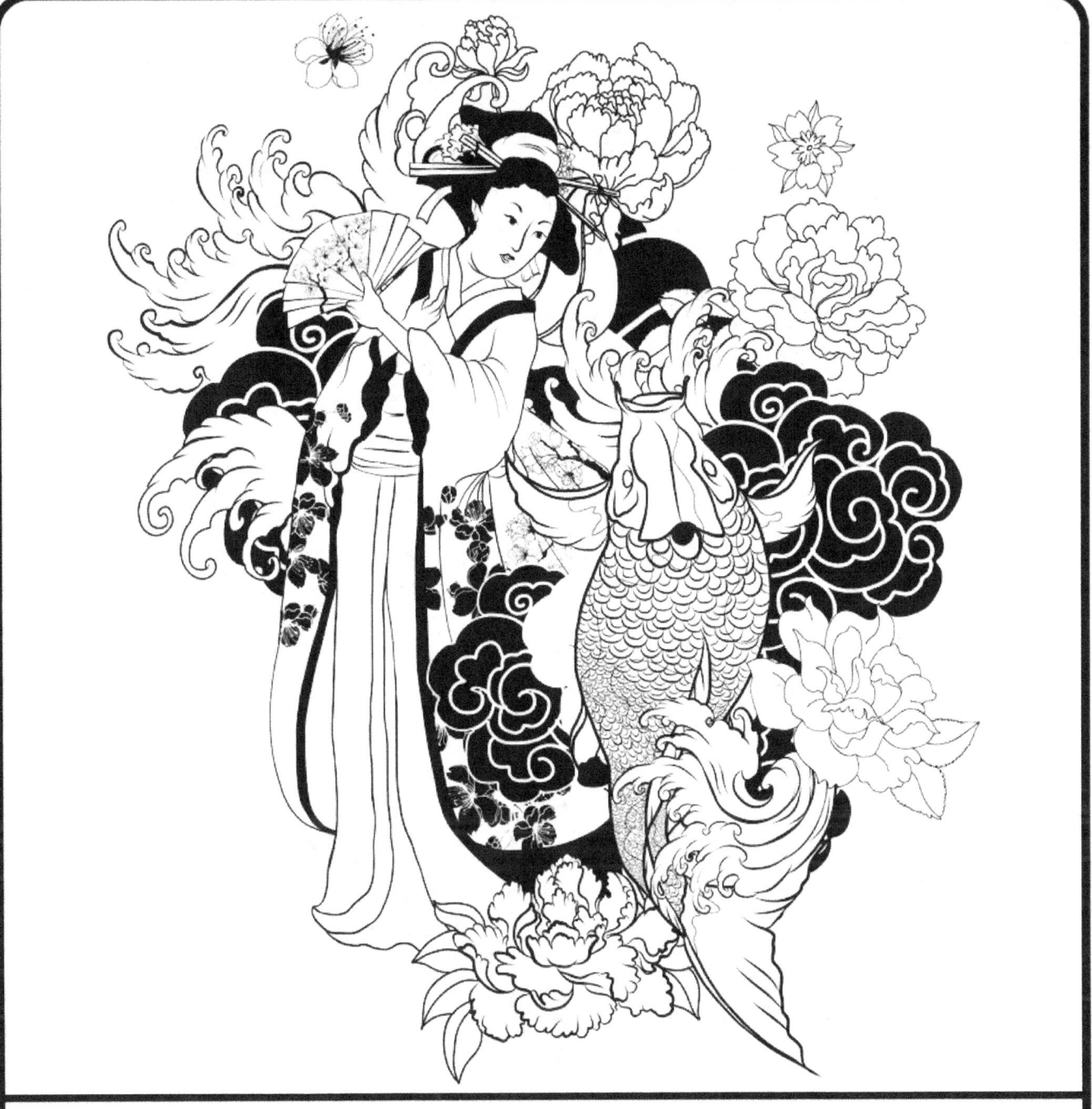

Vielen Dank für den Kauf dieses Buches

Wenn Ihnen das Buch gefallen hat,
hinterlassen Sie bitte eine Meinung
Es wird dem Autor helfen,

www.amazon.de/Art-of-Japan

www.ingramcontent.com/pod-product-compliance
Lightning Source LLC
Chambersburg PA
CBHW080525220526
45465CB00006B/2597